Jacqueline Le Saunier

Intuition

Jacqueline Le Saunier

Intuition

Dein Powertool

Allegria

Wir verpflichten uns zu Nachhaltigkeit
- Klimaneutrales Produkt
- Papiere aus nachhaltiger
  Waldwirtschaft und anderen
  kontrollierten Quellen
- ullstein.de/nachhaltigkeit

MIX
Papier
FSC   FSC® C083411

Allegria ist ein Verlag der Ullstein Buchverlage GmbH

ISBN: 978-3-7934-2409-3

3. Auflage 2021

© 2019 by Ullstein Buchverlage GmbH, Berlin
Lektorat: Miriam Gries
Umschlaggestaltung: Sabine Kwauka
Coverfoto © Stefan Klüter
Satz: Pinkuin Satz und Datentechnik, Berlin
Gesetztaus der Kepler Std
Druck und Bindearbeiten: CPI books GmbH, Leck
Alle nicht mit Quelle ausgewiesenen Zitate stammen von der Autorin.

Inhalt

Warum du dieses Buch in deinen Händen hältst

Egal, wie dieses Buch zu dir gekommen ist, ob du es bewusst gekauft oder geschenkt bekommen hast, ob du gerade zufällig in einer Buchhandlung darin liest und unentschlossen bist, was du damit anfängst – sei dir bewusst, dass aus irgendeinem Grund ein Teil von dir es lesen möchte. Vielleicht lösen diese Zeilen jetzt eine tiefe Sehnsucht in dir aus, und du spürst ein Gefühl des Ankommens, während ein Teil in dir sich endlich gesehen fühlt. Es ist deine Intuition, die dich geführt hat.

Ich werde im Folgenden genau mit dem Teil des Angekommenen sprechen. Mit dem Teil in dir, der am meisten bewusst, interessiert und davon überzeugt ist, sich zu bewegen, aufzuwachen, die Schwingung zu erhöhen und sich, wie auch die Welt, zu verändern. Mit dem Teil in dir, der am meisten dafür brennt, immer der Stimme des Herzens, deiner Intuition, zu vertrauen und zu folgen.

Es ist nicht notwendig, dass wir durch riesige Prozesse gehen, einen Marathon laufen oder uns akademisches Wissen aneignen, um das Leben zu heilen – auch wenn man sich seinen alten Ängsten, Verletzungen und Schattenanteilen stellen sollte, durch die wir mehr von uns erfahren und wachsen können. Letztendlich kannst du dein Leben in einem einzigen Moment heilen, mit nur einer Entscheidung. Und meine Betonung liegt hier auf dem Wort »Heilen«, weil du, ohne dass du bewusst auf der Seelenebene arbeitest und dein kreatives, bewusstes Sein einbezogen hast, stets in einem Kompromiss lebst. Auf einem Mittelweg, der als Grundelement immer ein Nicht-heil-, Nicht-vollständig-Sein enthält.

Dass du jetzt dieses Buch liest, zeigt deine Bereitschaft, dich für dein wahres Sein, für deinen Spirit zu öffnen. Denn darauf kommt es nun an; dass du deiner Intuition wieder vertraust und dadurch deine Potenziale, Talente, deine Wahrhaftigkeit und Authentizität auf diese Erde bringst. Und es ist deine Aufgabe, das alles künftig mit anderen Menschen zu teilen. Denn zu sagen, dass du allein nichts ausrichten kannst, gilt ab sofort nicht mehr. Du bist wichtig, weil du auf dieser Welt Veränderungen bewirken kannst. Was wäre das große Mosaik ohne all die vielen kleinen Steinchen? Ohne die Farbe, Form und den Glanz jedes einzelnen Teilchens würde es nicht existieren.

Es ist der Ruf deiner Seele, deines Innersten, das endlich gesehen wird, und die Stimme deiner Intuition, die nun wieder Raum bekommt.

Wie dieses Buch funktioniert

Um in einen inneren Erfahrungsprozess mit diesem Buch zu gelangen, besorge dir bitte ein Notizbuch, eine Art Intuitionstagebuch, in dem du alles, was du während dieses Buches erfährst, aufschreibst, wenn ich dich darum bitte. Denn wenn du deine Erfahrungen später an andere Menschen weitergeben möchtest, wird es hilfreich und heilsam sein, deinen eigenen Prozess der Bewusstwerdung nachzulesen und andere dadurch besser verstehen zu können. Oder auch um nach einigen Monaten oder Jahren in manchen Bereichen über dich selbst und deine Antworten zu schmunzeln.

Ich besitze ebenfalls ein solches Buch. Es ist durchaus heilsam, tägliche Erkenntnisse, intuitive Botschaften und Träume, die im Laufe der Zeit intensiver und visionsartiger werden, aufzuschreiben. So kannst du nachprüfen, ob und in welcher Art sie eingetreten sind. Erst vor Kurzem habe ich, nach einem großen Umzug, ein altes Tagebuch gefunden und darin gelesen. Ich war erstaunt über die tiefen Wünsche, die ich damals hatte, wie sie in mein Leben getreten sind und welche Erfahrungen ich damals machen durfte. Einer dieser Wünsche war es, ein Buch zu schreiben, was dann ein passender Verlag veröffentlicht. Es ist merkwürdig, dass ich das Tagebuch nach Jahren genau in dem Moment fand, in dem ich angefangen hatte, dieses Buch zu schreiben. Es hat mir nochmals Bestätigung und Motivation gegeben, meinen Inhalt hinaus in die Welt zu bringen.

Dabei fand ich in diesem Buch auch Dinge, die damals katastrophal für mich waren und auf die ich jetzt mit anderem Fokus und Bewusstsein blicken konnte. Bei einigen dieser Katastrophen und deren Schilderungen musste ich im Nachhinein sogar schmunzeln – was mich heute mit einer neuen Leichtigkeit auf Probleme und Herausforderungen schauen lässt.

Schreibe dir also während der Lektüre dieses Buchs alle deine Erfahrungen und Veränderungen, die du wahrnimmst, auf.

Im hinteren Teil des Buches findest du viele Übungen, die du jederzeit im Alltag anwenden kannst – einfache Trainingseinheiten, die aber große transformierende Wirkung auf deine Wahrnehmung und dein Befinden haben werden. Durch dieses Buch wirst du dein Umfeld bewusster fühlen und aufnehmen. Deine Intuition wird dich Dinge erfahren lassen, die du vorher nicht für möglich hieltest oder die dir bis dahin verborgen waren. Bei allem, was du über dich erfährst, wirst du Klarheit und eine neue Vision für dein Leben bekommen, indem du die einzelnen Elemente zusammenführst.

Dieses Buch enthält ein 5-Schritte-Programm, das so aufeinander aufgebaut ist, dass die einzelnen Stufen dich zu klaren intuitiven Botschaften führen. Ich lege dir ans Herz, dem Programm der Reihe nach zu folgen und nichts zu überspringen. Denn es baut auf Erfahrungen auf, die ich bei mir selbst und bei vielen Menschen, mit denen ich gearbeitet habe, machen durfte. Meine Vision ist es, dich ins tiefste Vertrauen zu deiner Intuition zu führen, wo du eindeutige intuitive Antworten bekommst. Damit du immer weißt, was wahrhaftig und authentisch für dich ist, und dir so deinen Himmel auf Erden kreieren kannst.

Deine Intention für dieses Buch

Ein alter Indianer saß mit seinem Enkelsohn am Lagerfeuer. Die Nacht hatte sich über das Land gesenkt, und das Feuer knackte und krachte, während die Flammen sich hoch hinaus in den Himmel schlängelten. Nach einer langen Weile des Schweigens sagte der Alte zu seinem Enkel:»Weißt du, manch-

mal fühle ich mich, als wenn zwei Wölfe in meinem Herzen
miteinander kämpfen würden. Einer der beiden
ist rachsüchtig, ziellos, unerfüllt. Der andere
hingegen ist liebevoll, neugierig und voller Lebensfreude.«
»Welcher der beiden wird den Kampf um dein
Herz gewinnen?«, fragte der Junge.
»Der Wolf, den ich füttere«, antwortete der Alte.

Indianische Weisheit

Dort, wohin du deine Aufmerksamkeit bringst, dort wo du deinen Fokus setzt, deine Energie einbringst, dorthin geht deine Reise. Da, wo du deine Energie hinschickst, ist das, was du anziehen wirst.

Deshalb bitte ich dich jetzt, an dieser Stelle, eine Intention zu setzen, bevor du weiterliest.

Wohin soll deine Reise gehen? Welches Ziel verfolgst du mit diesem Buch? Wo möchtest du hin? Je bewusster und klarer du dir darüber wirst, desto mächtiger wirst du das auch anziehen.

Wenn du keinen klaren Fokus hast, kann deine Energie überall hinfließen und schnell verpuffen. Wenn du die Intention gesetzt hast, kannst du sie mit den Worten »Dein Wille geschehe« unterstützen. Diese Intention wendet sich direkt an deine innere Quelle. Fälschlicherweise denken einige Menschen, dass man damit seine Eigenverantwortung abgibt, aber stattdessen dient sie dazu, die höchstmögliche Anbindung zu Gott, der All-Liebe und Fülle herzustellen und dadurch die für dich optimale Erfahrung und Entwicklung mitzunehmen.

Damit du den größtmöglichen Nutzen aus diesem Buch ziehen kannst, bitte ich dich jetzt, es kurz aus den Händen zu legen. Nimm dein Notiz- oder Intuitionstagebuch, und schreibe auf, was dein Fokus ist. Sprich dann diese Intention laut aus, damit du sie mit der Schwingung deiner Stimme im Außen manifestierst. Wenn du damit fertig bist, lies weiter.

1. Kapitel
Intuition
dein angeborenes Geschenk

Du musst kein Medium und kein Heiler sein, dich bisher auch nicht großartig mit Spiritualität beschäftigt haben, um mit diesem Buch zu arbeiten. Denn es ist für alle Menschen gedacht, die ihre inneren Kräfte nutzen möchten, um ein besseres und authentischeres Leben in Beruf, Partnerschaft, Familie und Alltag zu leben.

Intuition ist keine Zauberei, sondern ein wissenschaftlich erwiesenes Tool, das dem Menschen zu eigen ist. Jeder trägt diese Gabe in sich und hat die Fähigkeit, direktes Wissen aus der höheren, inneren Quelle zu bekommen.

Dieses Buch möchte dir Zugang zu deiner Intuition und Vertrauen in diese verschaffen. Jeder von uns trägt alles Wissen darüber bereits in sich. Das Zentrum dieses Wissensschatzes ist dein Herz, der Zugang zum geistigen Teil in dir – deinem Höheren Selbst.

Dieses Buch ist eine Anleitung für deinen eigenen Transformationsprozess, eine Reise zu deiner inneren Weisheit. Es soll dir zeigen, wie du deine Intuition – den Kommunikator deines Höheren Selbst – im Alltag jederzeit einsetzen kannst, damit du weißt, was du wahrhaftig möchtest, und somit authentisch leben kannst.

Egal, wo du mit deinen sensitiven Fähigkeiten gerade steckst, ob du überhaupt nicht an deine Intuition glaubst oder ob du bereits intuitiv bist – in jedem Fall wirst du einen Mehrwert aus diesem Buch ziehen.

Anhand vieler Übungen wirst du experimentieren und Neues ausprobieren. Du wirst über deine Grenzen gehen, denn die Wahrhaftigkeit liegt fernab von Grenzen und Normen. Sowohl die Praxis als auch das tägliche Trainieren werden dich weiterbringen.

Ich bin selbst durch den Prozess all dieser Übungen gegangen, und sie haben mich innerhalb kürzester Zeit von einem Menschen, der die intuitiven Fähigkeiten eher ignorierte, zu einem hochfühlenden und sehenden Menschen gemacht.

Deshalb wird dieses Buch auch dir, wenn du wirklich dazu bereit bist, dabei helfen, dich mit deiner Intuition zu verbinden, sie zu intensivieren und ihr zu vertrauen.

Wenn dir eine Firma gehört, wirst du nach Erhalt einiger Bewerbungen sofort wissen, wen du, für das höchste Wohl deiner Firma, einstellen sollst. Du wirst wissen, welcher Geschäftsabschluss der richtige ist und wo du hohe Verluste machen könntest.

Solltest du Taxifahrerin oder Taxifahrer sein, wirst du intuitiv spüren, bei welchem Fahrgast du ein schlechtes Gefühl hast. Genauso, wie du beim Autofahren wissen wirst, welchen der möglichen Wege du nehmen musst, um nicht in den Stau zu geraten. Oder wann du etwas langsamer fahren musst, weil plötzlich ein Reh über die Straße springt.

Als Mutter wirst du intuitiv spüren, welche Schule die bessere ist für dein Kind, und als Vater, ob du den neuen Freund, den deine Tochter nach Hause mitgebracht hat, gleich wieder aus dem Haus werfen solltest. Oder umgekehrt.

Du wirst bei der Urlaubsplanung wissen, welches Hotel du wählen solltest, weil du spürst, dass das Essen bei dem einen katastrophal ist. Dadurch kannst du dir einen miesen Urlaub ersparen.

Vor allem aber wirst du einen inneren Kompass haben und herausfinden, was deine Berufung und deine Potenziale sind, denen du nachgehen solltest. Indem du weißt, welchen Weg du einschlägst und was in deinem Leben gerade ansteht, wirst du einen für dich absolut authentischen Weg gehen.

Wie ich aus meiner langjährigen Erfahrung lernen konnte, ist es neben der Entwicklung der Intuition und der Hellsinne wichtig, auch an anderen geistigen, spirituellen und menschlichen Dingen zu arbeiten. Damit wirst du dem, was du durch deine Intuition erfahren wirst, mehr Raum in deinem Leben geben können.

Denn wenn du die Botschaft deiner Intuition bekommst, ist es ein weitaus schwierigerer Punkt, dem zu vertrauen, und vor allem, diese Dinge auch wirklich umzusetzen, wenn sie bis dahin fernab deiner Vorstellungen, Strukturen oder Handlungsschritte waren.

Ich halte es nicht für möglich, intuitive Fähigkeiten zu aktivieren, ohne das eigene Leben und Dasein zu betrachten und entsprechend zu verändern. Deshalb habe ich ein gesundes Schritt-für-Schritt-Programm entwickelt, das dich genau in diesem Transformationsprozess hin zu deiner Intuition unterstützt.

Selbst wenn das Buch für alle Leser dieselben Übungen bereithält, wird jeder es anders erfahren und für den eigenen persönlichen Weg in dieser Welt anwenden können. Und weil die Wahrhaftigkeit nur in deinem Herzen liegt, ist es so enorm wichtig, Zugang zu deiner Intuition und deiner Einzigartigkeit zu bekommen.

Ich bitte dich, dir die folgenden Sätze schon jetzt zu merken und dir während der Lektüre immer wieder diese Fragen zu stellen:

»Was sagt mein Herz?«
»Macht es mir gerade Freude,
wenn ich mit meiner Intuition arbeite?«
»Was ist mein einzigartiger Weg, um Zugang
zu meiner Intuition zu bekommen und diese
zu nutzen?«

Es gibt keine falschen Antworten darauf. Das, was du fühlst, ist richtig für dich. Durch diese Sätze wirst du den eigenen Weg in deine Größe gehen.

Dir wurde vielleicht gesagt oder du glaubst, du seist nicht gut, spirituell oder intuitiv genug oder nicht mit den Gaben der Hellsichtigkeit gesegnet. Oder du kommst nicht aus einer traditionellen Heiler-Familie, wo schon die Ururgroßmutter eine Seherin war.

Meine eigene Erfahrung sagt mir, dass dies limitierende Gedankenmuster sind, um dich von deinem wahren Sein abzuhalten, damit du deine Größe nicht leben kannst. Deshalb verwende ich kaum das Wort »Gabe«, wenn es um Intuition oder Hellsichtigkeit geht, denn es trennt dich von anderen

Personen und schafft den Glauben, jemand müsse die Gabe besitzen, hellfühlend oder intuitiv zu sein. Ich fühle, dass jeder Mensch die Möglichkeit hat, seine Intuition zu verwenden – jederzeit und egal, auf welchem Level er sich befindet. Lass dich von niemandem limitieren, und erlaube dir nicht, jemand anderen höher zu stellen als dich selbst, sondern scheine ohne Weiteres selbst in deiner Größe.

Es ist ein herausfordernder, spannender Weg, der Mut, Stärke und Spirit braucht, aber es ist ein großartiger Weg.

Ich verneige mich als Reisende vor dir, weil du dich entschlossen hast, diesen Weg zu beschreiten.

Was genau ist Intuition?

Wer andere erkennt, ist gelehrt.
Wer sich selbst erkennt, ist weise.
Wer andere besiegt, hat Muskelkraft.
Wer sich selbst besiegt, ist stark.
Wer zufrieden ist, ist reich.
Wer seine Mitte nicht verliert, ist unüberwindlich.

Laotse

Intuition ist eine angeborene, mysteriöse, kraftvolle und subtile Fähigkeit, die jeder Mensch besitzt und entwickeln kann. Sie ist deine innere Stärke, und wenn du mit ihr bewusst in Kontakt trittst, führt sie dich sofort in dein Urvertrauen und zu deiner eigenen Wahrhaftigkeit. Sie ist der Wegweiser, wie du dir den Himmel auf Erden erschaffen kannst, weil sie direkt in Verbindung steht mit dem Ort, von dem du kommst.

Als ich angefangen habe, meiner Intuition zu folgen, sie zu trainieren, hat sich mein Leben, ja meine Person verändert. Ich brauche nicht mehr kostbare Zeit zu verschwenden und darüber nachzudenken, welchen Weg ich gehen oder welche Entscheidung ich treffen soll, da es keine Entscheidung in diesem Sinne mehr gibt. Es gibt nur einen geführten Herzensweg. Alle anderen Möglichkeiten sind kopflastig und weit weg von unserer inneren Wahrhaftigkeit. Als ich das verstanden und umgesetzt habe, wurde mein Leben um so vieles leichter.

Deine Intuition zeigt dir immer sofort den authentischen, herzbasierten und für dich optimalen Weg. Was nicht heißt, dass dieser Weg am Anfang leicht ist, vor allem, wenn du viele Jahrzehnte ein vorwiegend kopf- und angstgesteuertes Leben geführt hast, auf das dein Umfeld sich eingestellt hatte. Aber dein intuitiver Weg wird dich glücklich machen. Und wenn du ihn gehst, musst du dich in keiner Weise verleugnen.

Wenn du intuitiv lebst, wirst du gelehrt und geleitet von dem All-Wissen der inneren Wahrheit. Sie ist der Teil von dir, der du wirklich bist, fernab von deinen Konditionen, Glaubenssätzen und Emotionen, deiner Persönlichkeit, deinen Ängsten und deinem Ego.

Durch deine Intuition gelangst du an Informationen, die du durch Verstand und Wissen nicht erhalten kannst und die, würdest du nur mit deinem Kopf entscheiden, nicht in diesem Feld liegen würden.

Du kannst entscheiden, ob du deine Intuition ignorierst oder ihr folgst, ob du sie vernachlässigst oder sie nährst. Meine eigene Erfahrung zeigt, dass sie immer wieder trainiert werden muss. Wenn ich eine Zeit lang weniger trainiere, weil ich in den Ferien war oder anderweitig zu tun hatte, braucht es zunächst ein paar Anläufe bei den sogenannten Richtig-falsch-Übungen, bei denen du sofort die Richtigkeit einer Antwort überprüfen kannst. Ich werde darauf im Übungskapitel näher eingehen.

Wenn ich aber täglich, fernab meiner Readings, zehn Minuten übe oder in meinem Intuition-Circle trainiere, liegt die Trefferquote hoch.

Die Funktion der Intuition ist nicht zwingend für dein Überleben wichtig, wie etwa dein Instinkt, aber sie nimmt einen bedeutungsvollen Platz in Bezug auf dein körperliches und geistiges Wohlbefinden ein. Sie steht für deinen kreativen Selbstausdruck und deine Fähigkeit, dich selbst und andere, deine Erfahrungen und deinen Sinn im Leben zu verstehen.

Intuition stammt vom lateinischen *intueri* ab und bedeutet hineinsehen oder nach innen sehen. Mit deiner Intuition kannst du in deine Tiefe blicken und deine Essenz wahrnehmen. Das heißt, du kannst die wahre Natur, den wahren Zustand einer Person, einer Situation oder deiner selbst wahrnehmen.

Diese Wahrnehmung, dieses Verständnis, ist etwas, was aus deinem Inneren kommt. Deshalb bezeichne ich Intuition als den Kommunikator und das Sprachrohr deines Herzens.

Dein Gehirn ist auf Intuition ausgelegt

Neunzig Prozent deines Gehirns arbeiten zu jeder Zeit komplett selbstständig und intuitiv. Und das aus gutem Grund, denn würden wir uns aller Prozesse, die in jeder Sekunde in uns ablaufen, bewusst werden, könnten wir dies niemals verarbeiten und wären überwältigt. Prozesse, die auch intuitiv ablaufen, versorgen deinen Körper inklusive des Gehirns sowie alle inneren Funktionen und halten dich damit am Leben. Sie lassen dich atmen, reparieren deine Zellen, sorgen für Balance, damit du beim Gehen nicht nach links oder rechts fällst, und lassen dich blitzschnell aus einer Gefahrensituation entkommen.

So kannst du dich auf die bewussten, ausführenden Prozesse konzentrieren, wie das Stillen von Hunger und Durst, das Befriedigen deiner Wünsche und Bedürfnisse, die Planung deines Lebens, sowie auf Reaktionen und sämtliche alltäglichen Dinge.

Dein Gehirn besteht aus zwei Hälften, der linken und der rechten, die durch einen physischen Raum in der Mitte des Kopfes getrennt sind. Miteinander verbunden sind sie durch eine große Nervenschnur, das *Corpus callosum*. Beide Hälften unseres Gehirns sind wie zwei verschiedene Arten von Persönlichkeiten oder Bewusstsein.

Die linke Seite steht für rationelles Denken, für Vernunft, Logik, Organisation und detaillierte Ordnung. Sie »sieht die Bäume, aber nicht den Wald« und unterteilt in Beurteilen und Bestimmen. Sie erzeugt aus den empfangenen Informationen einen Sinn, der im allgemeinen Denken liegt. Die rechte Seite hingegen ist ganzheitlicher und abstrakter, symbolisch und wortlos allumfassend, kreativ und symbolisch gesehen im Frieden mit allem, was ist.

Die Merkmale der Intuition, auf die ich in einem späteren Kapitel noch im Detail eingehen werde, das Sprechen in Symbolen und Bildern, das Abstrakte und das ganzheitliche Kommunizieren fernab von Raum und Zeit haben starke Parallelen zu den Eigenschaften der rechten Gehirnhälfte. Es überrascht deshalb nicht, dass es diese Seite des Gehirns ist, die mit dem Empfangen ihrer intuitiven Nachrichten verbunden ist.

Die linke Seite des Gehirns muss sich wiederum dieser intuitiven Eingebungen bewusst werden und sie verstehen, indem sie ihre Bedeutung erkennt und in eine Botschaft verwandelt. Informationen werden durch das *Corpus callosum* zwischen den beiden Gehirnhälften hin- und hergeleitet, wobei sie im Alltag nie gleichzeitig funktionieren, sondern immer nacheinander.

Je besser beide Gehirnhälften miteinander synchronisiert sind, umso leichter kannst du die Schwingung deiner Intuition klar übersetzen. Wenn sie schlecht miteinander synchronisieren, kann es leicht passieren, dass die linke Gehirnhälfte, weil sie für einen Moment wieder allein arbeitet, die Schwingung der Intuition mit deinem Verstand interpretiert, was meistens zu einer falschen Botschaft führt. Denn alles ist ja vorerst nur Schwingung und Energie, so auch Intuition. Sie wird, je nachdem, wie die Schwingung aussieht, durch deine Hellsinne in ein Bild, ein Gefühl, einen Geruch, einen Ton oder einen Geschmack verwandelt.

Deine linke Gehirnhälfte löst außerdem deine Intuition aus, indem du eine Frage stellst, eine Intention setzt. Die rechte Seite empfängt diese aus dem metaphysischen Teil und sendet diese Schwingung an die linke Gehirnhälfte, die diese Symbole, Pop-ups und Bilder sammelt. Je mehr du deshalb deine intuitiven Fähigkeiten trainierst, umso mehr »Übersetzungen dieser Schwingung« speichert deine linke Gehirnhälfte, und umso schneller kannst du aus deinen Fragmenten deiner Intuition eine ganze Botschaft erfahren.

Wie du siehst, kooperieren deine beiden Gehirnhälften wunderbar miteinander.

Warum Intuition so wichtig ist

Solange man im Leben noch eine Rolle spielt,
spielt man noch keine Rolle. Erst wenn man keine
Rolle mehr spielt, dann spielt man eine Rolle.

Kurt Tepperwein

INTUITION IST DEINE WAHRHAFTIGKEIT

Wenn du deiner Intuition vertraust und sie einsetzt, wirst du immer wissen, was in diesem Moment richtig für dich ist. Und mit »richtig« meine ich nicht die Wertung von falsch und nicht falsch, sondern das, was jetzt in diesem Moment für dich authentisch und stimmig ist und deinem höchsten Wohl dient.

Überlege einmal, wie oft du dich von äußeren Faktoren – seien es Familie, Freunde, gesellschaftliche Vorstellungen, alte Glaubensmuster und Gedanken – bei deinen Entscheidungen beeinflussen und fremdsteuern lässt. Oder wie oft du dir Entscheidungen abnehmen lässt, aus Bequemlichkeit oder Ängstlichkeit. Sei ehrlich mit dir selbst. Wie oft machst du es dir einfach und lässt andere entscheiden, weil du überfordert oder zu bequem bist, die Verantwortung für eine eventuell nicht richtige Entscheidung zu übernehmen?

Früher habe ich mich oft beeinflussen lassen, weil ich mir und meinem Herzen häufig nicht vertraut habe und nicht über genügend Selbstbewusstsein verfügte, zu dem zu stehen, was ich wollte. Doch durch intensive Arbeit an mir und dem Wissen und Fühlen, was ich brauche, kamen die innere Klarheit, meine Wahrhaftigkeit und dadurch Stärke und Selbstbewusstsein in mein Leben.

INTUITION IST HEILUNG

Alle Krankheiten entstehen, weil wir uns von unserer inneren Wahrhaftigkeit, Vollständigkeit und unserem Heilsein abwenden. Wenn wir in irgendeinem Punkt Verletzungen im Leben erfahren, egal ob physisch oder psychisch, haben wir zwei Möglichkeiten, damit umzugehen. Entweder wir fühlen sofort den Schmerz und gehen an die Ursache davon, oder wir spalten diesen verletzten Teil von uns ab, um den Schmerz nicht fühlen zu müssen. Es entsteht eine Dissoziation. Ein Fragment spaltet sich von uns ab. Dieses Fragment nimmt Handlungsmuster an, die nicht unserer wahren Natur entsprechen und gegen unsere eigentliche Vollständigkeit gerichtet sind. Dies ist ein gefundenes Fressen für das Ego, um die Führung zu übernehmen, Glaubensmuster und Strategien zu entwickeln, um uns immer im Glauben zu lassen, dieses Fragment wäre der richtige Weg.

Lange Zeit folgen wir dann dieser Strategie. Vielleicht ist dein Leben damit eine Zeit lang okay, und du bist äußerlich scheinbar glücklich, doch irgendwann ist der innere Druck so hoch, dass diese Fragmente, denn die meisten haben ja mehrere Verletzungen während ihres Lebens erfahren, sich im Körper widerspiegeln und dadurch eine Krankheit entsteht. Bei manchen schon im Kindesalter, bei anderen erst später.

Der Auslöser ist die Angst, dem Schmerz zu folgen, und die Angst vor der Größe seiner Vollständigkeit.

Hier kommt wieder die Intuition ins Spiel. Denn der Ausweg besteht darin, nach Hause zurückzukehren in das Einssein, Heilsein und in die Vollständigkeit. Intuition schlägt die Brücke zwischen diesen Welten, der Scheinwelt unseres Egos und der wirklichen Welt unseres Seins. Intuition zeigt dir dieses »Ganzsein«, lässt dich leichter durch deinen

Schmerz hindurchgehen und hilft dir, ihn aufzulösen und zu heilen.

INTUITION ZEIGT DIR DEINE LEBENSAUFGABE

Deine Intuition unterstützt dich dabei, dich selbst und deinen Lebenssinn zu erkennen und zu verstehen. Sie lenkt dich in Richtungen, die dich ermutigen, dich weiterzuentwickeln und dich tiefer zu erforschen und zu erkennen. Intuition hilft dir, dein größtes kreatives Potenzial zu entwickeln. Wenn du die Kreativität in dir weckst, dann bist du in deiner Mitte und deiner Wahrhaftigkeit. Als Schöpfer brauchen wir Kreativität, um die Kraft, die wir in uns tragen, im Außen zu manifestieren. Erst dann sind wir im Einklang mit unserer Seelenbestimmung.

In meinen Seelenreadings erfühle ich, welches kreative Potenzial der jeweilige Klient mit auf diese Erde gebracht hat. Wenn er es ausübt oder damit anfängt, beginnen viele Heilungs- und Entwicklungsprozesse von selbst, weil er sich damit als bewussten Schöpfer anerkennt. Denn es ist dein Geburtsrecht, deinen einzigartigen Platz in der Welt wahrnehmen zu können und den persönlichen, kreativen Beitrag zu verstehen, den du in deinem Leben leisten kannst. Den Weg dorthin zeigt dir deine innere Führung, auch dein Höheres Selbst oder Seele genannt, die sich durch deine Intuition widerspiegelt.

INTUITION IST WAHRNEHMUNG

Du kannst Intuition besser verstehen, wenn du sie mit den Fähigkeiten von Instinkt und Intelligenz in Beziehung setzt. Wenn du dir vorstellst, dass der Instinkt eine Funktion des Körperbewusstseins ist und die Intelligenz die Bestimmung des Verstandesbewusstseins, dann kannst du die Intuition als eine Funktion von Wahrnehmung des Geistes, der Seele und des Herzens begreifen. Intuition ist der Ausdruck deiner Seele. In ihr findest du den unsterblichen und weisen Aspekt des Menschen – als das Wesen, das seinen Ursprung bei Gott im Licht hat und nie die Fähigkeit verloren hat, mit einer größeren Vision, einer höheren Wahrheit in Kontakt zu treten. Ich verwende in diesem Buch öfter das Wort Gott und meine damit die All-Quelle, die All-Fülle und die pure, bedingungslose Liebe.

Du kannst deine eigenen Worte dafür finden, doch bitte ich dich darum, wenn du gerade eine Blockade verspürst, »Gott« zu sagen, kurz innezuhalten und dir die folgende Frage zu stellen, um blitzschnell, ohne nachzudenken, darauf zu antworten:

»Wenn ich wüsste, warum ich Probleme habe, den Namen Gott auszusprechen, dann wohl weil ...?«

Mit dieser Frage erkennst du vielleicht den tieferen Grund deiner Blockade und kannst ihn lösen. Auch ich hatte früher große Schwierigkeiten, das Wort »Gott« auszusprechen. Das lag daran, dass ich lange Jahre auf einer katholischen Privatschule war, an der enormer Druck und Strenge herrschten. Außerdem wurden wir oft mit den Themen Schuld und Sünder konfrontiert, was Unwohlsein in mir auslöste. Das Wort Gott war lange Zeit mit den Erfahrungen und Emotionen an dieser Schule behaftet. Erst als ich diese falsche Programmierung erkannt habe, konnte ich es heilen. Deshalb lade ich dich, wenn du magst, dazu ein, mit der oberen Frage die Aufmerksamkeit darauf zu lenken und zu fühlen, ob es da etwas gibt, was aufgelöst werden möchte.

INTUITION ALS BEWUSSTSEIN VON SEELE UND GEIST

Du bist ein geistiges Wesen in einem menschlichen Körper. Über deine Identität als Persönlichkeit hinaus, über deine menschliche Dimension des Körpers hinaus, existierst du vor allem als ein Wesen, das aus einer Seele und einem Geist besteht. Diese Gegenwart von Seele und Geist, die in der menschlichen Form inkarniert sind, bringt deine intuitiven Funktionen hervor. Dein intuitives Selbst ist dein am weitesten entwickeltes Selbst, dein höchstes Selbst, dein Höheres Selbst. Es ist sich der Handlung der Persönlichkeit (Körper / Geist) in dieser Welt bewusst und beobachtet die Entwicklung der Lebenserfahrungen aus einer neutralen Position heraus mit Aufmerksamkeit und Klarheit. Wenn du dich selbst, jemand anderen oder eine Situation mit Tiefe und Einsicht verstehen willst, musst du durch deine Intuition mit dem Spirit und der Essenz in Kontakt treten.

INTUITION IST DEIN POWERTOOL

Intuition ist die Fähigkeit, deine Wahrhaftigkeit zu finden und in ihr zu bleiben. In der heutigen Zeit, in der technologischer Einfluss zunehmend voranschreitet, Roboter und künstliche Intelligenz dabei sind, viele Arbeiten von Menschen zu übernehmen, hilft dir keine andere Fähigkeit außer Intuition, um herauszufinden, was echt, authentisch und wahrhaftig ist und was nicht.

So sind beispielsweise Informationen leicht durch Fotobearbeitungen oder Videoanimationen zu verfälschen. Ein Gesicht kann auf ein anderes Gesicht in einem Video so montiert werden, dass der (Irr-)Glaube entsteht, jemand wäre an diesem Ort gewesen. Es ist von der echten, unbearbeiteten Aufnahme nicht zu unterscheiden. Durch derartige technische Möglichkeiten, die längst in den Medien oder in der Berufswelt eingesetzt werden, kannst du sehr leicht getäuscht werden. Um das zu verhindern, ist deine Intuition das einzige Werkzeug, das dir dabei hilft, zu bestimmen, was wahr und was falsch ist. Denn Intuition braucht Seele und Geist, wie du zuvor schon erfahren hast – Spirit. Und wir Menschen sind, neben den Tieren und Pflanzen, die Einzigen, die Geist besitzen. Maschinen werden niemals intuitiv sein und nie aus dem Herzen heraus fühlen und handeln können.

Stelle dir eine Welt vor, in der alle Menschen authentisch leben, weil sie ihrer inneren Stimme folgen, in der es keine Lügen mehr gibt. Weil jeder sofort durchschaut werden kann und deshalb aus seinem Herzen heraus lebt, indem er das tut und sagt, was für ihn stimmt.

Das wäre wunderbar, findest du nicht? Ich glaube daran, dass das möglich ist, und diese Vision ist eine große Motivation für all meine Arbeiten, die ich tagtäglich erledige.

Bevor du aber von deiner Intuition voll profitieren kannst, musst du mit ihr in Kontakt treten, indem du ihre Funktionsweise erkennst und lernst, mit ihr zu kommunizieren. Baue eine Beziehung zu ihr auf, und pflege diese mit regelmäßiger Aufmerksamkeit. Mit der Zeit kannst du lernen, wie deine Intuition dir tiefere Einsichten und Wahrheiten vermittelt, und du wirst besser verstehen können, wie du sie empfangen und übersetzen kannst. Dieses Buch wird dir auf deinem intuitiven Weg eine große Hilfe sein.

Wie sich deine Intuition zeigt

Die Welt ist im Wandel. Ich spüre es im Wasser.
Ich spüre es in der Erde. Ich rieche es in der Luft.

J. R. R. Tolkien, *Der Herr der Ringe*

Intuition zeigt sich bei jedem Menschen in unterschiedlicher Form. Bei dem einen ist es ein gutes inneres Gefühl, bei dem anderen sind es Gedanken, die plötzlich kommen, oder Bilder, Farben, Töne und Gerüche. Körperliche Anzeichen können sein, dass sich die Nackenhaare aufstellen, du ein Flattern im Bauch hast oder jähen Schmerz oder Druck in deinem Körper verspürst. Intuition findet ihren Ausdruck auf viele verschiedene Arten.

Auch können mehrere Merkmale gleichzeitig auftreten. Durch bewusstes Training und Beobachten wirst du herausfinden, was deine persönlichen Merkmale sind.

Intuition ist »ohne Argumentation«, »ohne Wertung«, »schnell«, »ohne bewusste Aufmerksamkeit« und »ohne Denken«.

Steve Jobs, Mitgründer von Apple, sagte einmal, Intuition sei »mächtiger als der Verstand«.

Du hattest sicher auch schon einmal das sogenannte Bauchgefühl.

Vielleicht bist du Auto gefahren und hast plötzlich das Gefühl gehabt, langsamer fahren und abbremsen zu müssen. Eine Sekunde später kam ein Ball auf die Straße gerollt, und ein Kind lief hinterher.

Oder hat bei dir auch schon einmal das Telefon geklingelt,

und du wusstest intuitiv, ohne dass du einen Anruf von einem bestimmten Menschen erwartet hast, wer dich anruft?

Ich kann mich an ein besonderes Ereignis erinnern. Vor einigen Jahren fuhr ich abends mit dem Auto nach Hause. Ich kannte die kurvenreiche Bergstrecke auswendig und gab wie immer ordentlich Gas, weil es schon wieder bergab ging. Ich fuhr auf der einzigen längeren Geraden und war kurz davor, in die nächste Kurve einzubiegen, in der ich normalerweise etwas abbremsen würde, um dann mit Schwung in eine länger gezogene Rechtskurve hineinzufahren. Auf einmal durchzuckte mich ein Gefühl, das mir mitteilte, sofort anzuhalten. So blitzartig, dass ich auf die Bremse stieg und eine Vollbremsung vollführte. Die Reifen quietschten, und der Bremsweg war so lang, dass ich erst am Anfang der Kurve zum Stehen kam. In diesem Moment liefen vier Rehe von vorne auf mich zu, um dann vor lauter Schreck einen halben Meter vor meinem Auto stehen zu bleiben. Für den Bruchteil von Sekunden blieb die Zeit stehen. Meine Augen schauten in die Augen des mir am nächsten stehenden Rehs, und ich fühlte gegenseitige Dankbarkeit und Verstehen, bevor das Reh sich umdrehte und mit den anderen in die Waldböschung weiterlief. Ich realisierte, wie diese Situation hätte enden können. Hätte ich meiner Intuition nicht vertraut und das Auto nicht sofort angehalten, wäre ich durch den Aufprall mit den Rehen oder durch meinen Ausweichversuch mit hoher Wahrscheinlichkeit den steilen Bergabhang hinuntergerutscht und heute vielleicht gar nicht mehr hier. Ich bedankte mich nochmals für diese Hilfe und fuhr mit einem Gefühl der Demut weiter.

Intuition ist das unbewusste Wissen, das dich dazu treibt, etwas zu tun, zu sagen oder zu erkennen, ohne zu wissen, warum und wieso du es weißt.

Intuition ist nicht gleichzusetzen mit Denken und hat nichts zu tun mit Logik oder Analyse. Es ist Wissen ohne Wissen. Deine Intuition ist ständig aktiv, egal, ob du dir ihrer bewusst bist oder nicht.

Warum du deiner Intuition folgen solltest

Ich spüre, dass du ein fühlender und sensitiver Mensch bist, denn sonst hättest du nicht zu diesem Buch gegriffen. Vielleicht lebst du es derzeit noch nicht im Außen, kannst es nicht in deinen Alltag integrieren, in Beziehungen, Beruf und Familie. Manchmal fällt es dir leicht, wenn du bei einem Seminar bist, wenn du mit sehr inspirierenden Menschen zusammen bist oder wenn du gerade ein Kapitel dieses Buches gelesen hast. Aber dann kommen wieder die Umstände im Außen, die dich in deine Gedankenmuster, Strukturen und Formen fallen lassen.

Genau das aber ist der Prozess und der Weg, weshalb du hier auf die Erde gekommen bist und was du dir als Erfahrungsziel gesetzt hast. Den Himmel auf Erden zu erschaffen. Deinen Spirit in die Manifestation in deinem Leben zu bringen. Und der Himmel spricht zu dir durch deine Intuition.

Es gibt keinen anderen Weg, um wirklich glücklich zu sein, als deinen Herzensweg.

Und dieser Weg ist immer da. Wenn du glaubst, dass du Entscheidungen zu treffen hast, sind sie in Wahrheit gar nicht existent. Sie sind ein Konstrukt unseres Egos, das uns glauben macht, hier gäbe es zwei Wege. Doch jedes Mal, wenn eine Entscheidung ansteht, liegt die Angst dahinter, etwas falsch zu machen oder sich falsch zu entscheiden. Doch wie bereits erwähnt, gibt es keine Entscheidungen und damit auch nichts, für das du dich entscheiden müsstest. Demzufolge kannst du deine Angst loslassen und dich ins Vertrauen stürzen, so wie ich es später in den Übungen erklären werde.

Schreibe auf mehrere Zettel die möglichen Optionen, vermische sie so, dass du nicht weißt, was darunter ist, und bitte die göttliche Quelle, Gott oder dein Höheres Selbst, dir den Weg zu zeigen, indem du einen Zettel ziehst. Das ist dein Herzensweg.

Ja, so einfach ist es, doch wir müssen es uns in vielen Situationen immer schwer machen. Weil wir den Glauben an unser höchstes Selbst, an Gott verloren haben und unbewusst denken, wir müssten uns über ihn stellen und die Dinge stets neu erfinden. Wenn du aber der Pionier sein möchtest, der in die richtige Richtung geht, dann brauchst du die richtige Führung. Deshalb solltest du deiner Intuition folgen.

Deine Intuition und die momentane universale Struktur

> *Und es kam der Tag, da das Risiko,*
> *in der Knospe zu verharren, schmerzlicher*
> *wurde als das Risiko zu blühen.*
> Anaïs Nin

Ich sage zu den Menschen: »Wenn du alle Sinne verlierst, aber noch immer deinen sechsten Sinn benutzt, wirst du

okay sein.« Umgekehrt: »Wenn alle fünf Sinne funktionieren,
du aber deinen sechsten Sinn verlierst, glaube ich nicht, dass
du okay sein wirst.«

Denn die größte Seelenaufgabe eines jeden von uns ist
es zu erkennen, wer wir sind. Und das geht nicht, wenn wir
unseren sechsten Sinn, unsere Intuition, ausklammern.
Nimmst du die aktuelle Energie auf diesem Planeten wahr?
Sie ist dabei, sich beachtlich in die Unstabilität zu verschie-
ben. Spürst du das? Wir fühlen uns unbequem, merken es aber
nicht. Da gibt es eine Frequenz, die ungeerdet und brüchig
ist. Und ich glaube, dass dies eine vorteilhafte Sache ist. Wir
gehen gerade durch eine Serie von energetischen Kontraktionen. Wenn du ein gläsernes Tablett der Schwingung einer
höheren Frequenz aussetzt, wird es sich zusammenziehen
und viel Energie benötigen, sich zusammenzuhalten. Setzt du
die Beschallung fort, kann es sein, dass die Kontraktionen so
stark sind, dass das Glas sich auflöst. Es geschieht ein »Durch-
bruch«, und alle Teile sind befreit.

Genau das passiert zurzeit auf unserem Planeten. Die
hohe Frequenz des höheren Bewusstseins von uns allen, das
sich nicht mehr länger verstecken möchte, strömt auf uns
ein. Und was passiert? Viele Menschen ziehen sich zusammen und versuchen, krampfhaft an Altem festzuhalten. Wir
halten an Bequemlichkeiten, unserer Beständigkeit und den
gewohnten Gedankenmustern fest. Aber die andere Energie
strömt dennoch immer stärker auf uns ein, und bald werden
wir uns ergeben müssen. Werden endlich Dinge loslassen, die
uns festhalten, uns nicht weiterkommen lassen. Dann sind
wir befreit und werden einen sogenannten Breakthrough
erleben. Und wir werden uns komplett befreien, in unsere
Authentizität kommen und wissen, wer wir tatsächlich sind.

Auch wenn es noch einige Jahre dauern wird, finde ich es großartig, wie viele Menschen sich bereits bewusst sind, dass es mehr gibt als das, was sie bisher lebten. Auch, dass du in diesem Augenblick dieses Buch liest und deine Erfahrungen eventuell schon mit anderen teilst, weil du dich auf einer Seelenebene dazu verpflichtet hast, Teil der ersten Welle zu sein, die diesen Shift aktiv erlebt.

Du bist einen Vertrag eingegangen, der dich dazu anhält, mit deiner Großartigkeit, deinem Mut, deinem Feuer und deinem tiefen Interesse an der Menschheit diese hohe Frequenz auf unserer Erde zu halten. Dadurch bist du ein Teil davon geworden, dass diese Welt sich bewegt, wofür ich dir an dieser Stelle meinen Dank aussprechen möchte.

Obwohl uns eine große Energie umgibt, die sich vielleicht negativ oder beängstigend anfühlt, ist es wichtig zu wissen, dass sie in Wirklichkeit ein Indikator dafür ist, dass die Dinge besser werden. Wir erhalten mit ihr ein Zeichen, dass unser Bewusstsein auf der Seelenebene damit beginnt, sich gegen jegliche Eindämmung zu wehren. Vergleichbar mit einem Kokon oder einem Geburtskanal sind wir dabei, auszubrechen. Wir werden geboren aus einem alten Behälter. Und wie bei einer Geburt wird jeder von uns anfangen, sich erst einmal unwohl zu fühlen. Aber das ist etwas Gutes. Denn danach kommt die Freiheit.

Meine Lehrer sagten mir: »Wenn du dich nicht unbequem fühlst, lernst du nichts Neues dazu.«

Zählst du zu den 6-Sensorischen?

Die ursprüngliche Weisheit ist Intuition,
während alles spätere Wissen angelernt ist.

Ralph Waldo Emerson

Lass mich dir den Unterschied erklären zwischen einem Menschen, der mit seinen fünf Sinnen arbeitet, und jemandem, der dies mit seinen sechs Sinnen tut. Im Moment gibt es zwei Spezies auf diesem Planeten, und die sind sehr unterschiedlich. Da gibt es die 5-Sensorischen und die 6-Sensorischen. Ersterer lebt mit dem Muster, dem Glaubenssatz und dem Verstehen: Ich bin Ego. Ich bin meine Persönlichkeit, ich bin mein Körper, meine Geschichte, meine Vergangenheit. Ich bin die Verkörperung meiner Emotionen und bilde in dieser gesamten Konstellation mein Ego. Und wenn ich vom Ego her agiere, schaue ich auf das Leben und begegne anderen Menschen von Rolle zu Rolle.

Doch das Ego ist immer ängstlich, es wird nie genug geliebt, es ist nie in Sicherheit, weil ihm nie genug zugestimmt wird und es von anderen nie genug Aufmerksamkeit erhält. Deshalb kann es nie die Führung loslassen.

Es verwendet all seine Energie, um sich selbst zu schützen. Und so wie das Ego mit der Welt kommuniziert und wie du als 5-Sensorischer mit anderen agierst, bedeutet dies:»Ich gegen dich. Und du da gegenüber, du machst mir Angst.« Du verwendest all deine Energie, um zu kontrollieren und alles zu managen. Du willst die Energie von dir weghalten, und es bleibt nur wenig Lebenskraft übrig, um das zu tun, warum du wirklich hier bist: deine Seelenaufgabe zu vollbringen und deinem Herzen zu folgen.

Doch dann gibt es die 6-Sensorischen, die ein neues Verstehen und Erkennen auf diese Erde bringen. Die begreifen, dass wir Spirit, Geist und Seele sind. Weil sie mit ihrem sechsten Sinn, ihrer Intuition, arbeiten.

Die 6-Sensorischen wissen und fühlen, dass sie hier auf Erden eine physische, kreative Erfahrung machen. Dass sie Werkzeuge, wie den Körper, die Persönlichkeit, das Ego, mitbekommen haben, die sie verwenden, damit der Geist sich ausdrücken und sie das Leben erfahren können.

Sie haben verstanden, dass sie als Geist mit der Welt agieren, frei von »Ich gegen Dich«, frei von Rolle zu Rolle. Denn da sie vom Geist aus arbeiten, wissen sie, dass es nur einen Spirit gibt, so wie es nur ein Feuer gibt. Und wenn sie mit anderen in Verbindung treten, dann geschieht dies von Seele zu Seele, auf der Basis eines »Ich UND Du«. »Was können wir zusammen gewinnbringend erschaffen?« Sie erkennen, dass die Aufgabe von uns allen darin besteht, das »Ich gegen Dich« zu stoppen.

Die Frage, die ich dir in diesem Kontext stellen möchte, ist nicht, »wozu zählst du?«, sondern »welche Art von Mensch möchtest du sein?«.

Im Moment leben wir unseren Spirit in unterschiedlichem Maße. Vielleicht hast du dein Feuer irgendwann gelöscht und bist getrennt von deinem Seelenzweck. Denn ohne dein Feuer, nur mit deinem Ego kannst du nichts erschaffen, außer Frustration.

Ganz im Gegensatz zum Spirit: Je mehr du dich als geistiges Wesen in diesem menschlichen Körper anerkennst, desto effektiver wirst du als Schöpfer. Wenn du deinen Spirit draußen lässt, wird dein Leben nicht mehr kreativ sein, sondern nur noch ein Management der Frustrationen. Aber dazu bist du nicht hier. Denn deine Seelenaufgabe ist es zu kreieren, zu schaffen.

Was Intuition nicht ist

Wir haben darüber gesprochen, was Intuition ist und welches die Eigenschaften davon sind. Wir gehen später in einem anderen Kapitel noch in die Vertiefung, damit du wirklich weißt, wie sich deine intuitiven Botschaften zeigen. Lass uns jetzt kurz darauf eingehen, was Intuition nicht ist. Intuition heißt nicht raten, es ist nicht »finden wir es mal heraus« oder »mal schauen«, und es ist auch nicht schlussfolgern aufgrund von verschiedenen Umständen. Intuition ist ebenfalls kein Ergebnis, das wir aus Erfahrungen von einem früheren, ähnlichen Ereignis erhalten. Es ist vor allem kein Denken.

Intuitive Botschaften kommen ohne Wertung zu dir. Sie sind wie eine leichte Informationsbrise, ohne dass sie dich in eine Richtung drängen wollen. Wenn eine Eingebung emotional geladen oder mit Angst besetzt ist, sie dich in eine Richtung drängt, kannst du davon ausgehen, dass es sich nicht um deine Intuition handelt. Sie stammt aus einer anderen Quelle, deinem Ego. Intuition wird dich nie forcieren oder drängen, einen Weg zu gehen, da sie stets eine klare Information hat, die dich tief innen wissen lässt, was zu tun ist.

Spürst du bei einer Botschaft Emotionen wie Wut, Angst, Trauer oder überschwängliche Freude, kannst du davon ausgehen, dass sie nicht von deiner Intuition stammt. Denn auch wenn etwas völlig Unvorhersehbares geschieht, du zum Beispiel in einer Gefahrensituation, die du vorher nicht kennen konntest, plötzlich anders reagierst als sonst, passiert dies aus einer Klarheit heraus, ohne großes Tamtam. Intuition kommt neutral, ohne Wertung, meistens unscheinbar zu dir, was jedoch nicht mit kraftlos gleichzusetzen ist.

2. Kapitel
Wie deine Intuition
zu dir kommt

Unsere Augen glauben an sich selber,
unsere Ohren glauben anderen Menschen,
unsere Intuition glaubt der Wahrheit. –
Unbekannter Verfasser

Wir spüren und erfassen Informationen über die Welt durch unsere Sinne Sehen, Hören, Fühlen, Schmecken und Riechen. Und auch intuitive Botschaften empfangen wir durch Bilder, Töne, Gefühle, etc. Es gibt sechs Hellsinne: Hellsehen, Hellfühlen, Hellhören, Hellschmecken, Hellriechen und Hellwissen. Wir alle haben und besitzen sie. Es sind keine Gaben und keine Privilegien, sondern unsere Grundeinrichtungen als geistiges Wesen. Wir wurden damit geboren.

Einige Menschen behaupten, dass Intuition immer nur ein Gefühl sei – das sogenannte Bauchgefühl. Etwas fühlt sich stimmig an oder eben nicht. Meine Erfahrung hat gezeigt, dass sie sich aber auch in Bildern oder in einem Geräusch, einer Stimme, ja selbst in Gerüchen und Geschmäckern zeigt. Manchmal ist dann noch ein zusätzliches Gefühl dabei. Vor nicht allzu langer Zeit hat ein Bild, das meine Intuition mir geschickt hatte, sogar meiner Tochter das Leben gerettet.

Wie jeden Morgen brachte ich meine damals sechsjährige Tochter zur Schule. Ich fuhr mit dem Fahrrad auf der Straße und sie mit ihrem Roller auf dem Bürgersteig neben mir. Sie hat auf ihrem Schulweg eine Hauptstraße mit einem Zebrastreifen zu überqueren. Somit blieb ich mit meinem Fahrrad vor dem Zebrastreifen stehen, blickte mich um und sah, dass ein paar Meter hinter mir ein Auto in eine Parklücke rangierte. Sonst war kein Auto zu sehen. Meine Tochter schaute links und rechts, und dann überquerte sie langsam mit dem Roller die Straße.

Sie fuhr ungefähr drei Meter weit, als ich plötzlich vor meinem geistigen Auge ein Stoppzeichen sah. Ich hatte das Gefühl, etwas forderte mich auf, das Wort auszusprechen, und ich rief laut »Stopp«. Meine Tochter bremste ab. Mitten auf der Straße stehend, drehte sie sich fragend zu mir um, und schon quietschten die Reifen. Ein offenbar genervter Autofahrer überholte mit rasender Geschwindigkeit das hinter uns einparkende Auto, nicht wissend, dass sich kurz danach ein Zebrastreifen befand. Die Zeit blieb stehen. Als er dann doch noch die Situation erfasste, vollführte er eine Vollbremsung und kam auf der anderen Hälfte des Zebrastreifens zum Stehen, einen halben Meter vor meiner Tochter.

Ich war bleich vor Schreck und konnte mich nicht bewegen. Dann wachte ich auf und sah, dass der Autofahrer einfach weiterfuhr, ohne etwas zu sagen oder sich zu entschuldigen.

Ich konnte mich in diesem Moment gar nicht darüber ärgern, denn ich realisierte, was hätte passieren können, wäre ich nicht meiner Intuition gefolgt. Hätte ich im Geiste nicht das Stoppschild wahrgenommen, wäre meine Tochter genau auf dem anderen Bereich des Zebrastreifens gewesen, wo das Auto sie erfasst hätte. Es gibt verschiedene Arten, wie Intuition zu dir kommt. Die wichtigsten werde ich im Folgenden einzeln auflisten.

Deine Hellsinne

Während meiner Ausbildung zum Medium sagte mir meine Lehrerin etwas, das ich an dich weitergeben möchte. Es nahm mir damals viel Druck und beruhigte mich in meiner Arbeit mit meinen Hellsinnen. Sie sagte:»Deine Wahrnehmung ist immer richtig, wenn du am Anfang die Intention gesetzt hast, mit deiner höchsten Quelle zu arbeiten und deiner Intuition zu folgen.« Es ist nur die Interpretation, die dann nicht stimmig ist, oder dein Ego, das dich doch die andere Antwort aussprechen lässt. Aber die Wahrnehmung ist immer richtig. Manchmal, meistens am Anfang, fallen die Botschaften eher allgemein aus, gehen nicht ins Detail.

Siehst du zum Beispiel bei jemand anderem ein Schiff, interpretiert deine Schwarz-Weiß-Ego-Konditionierung dies unter Umständen mit: Er wird eine Reise mit dem Schiff machen. Oder er ist Kapitän. Das könnte stimmen, aber dieses Schiff kann auch andere Bedeutungen haben. Es könnte heißen, dass derjenige zu anderen Ufern aufbricht und dass etwas Neues in seinem Leben passiert. Es kann bedeuten, dass er ein freiheitsliebender Mensch ist oder dass er oft mit Übelkeit zu tun hat, wie bei der Seekrankheit. Es ist wichtig, wenn du anfängst, mit deiner Intuition zu arbeiten, erst einmal alles, was du empfängst, auszusprechen. Egal, ob es ein Bild, ein Gefühl, ein Geräusch, ein Geruch oder ein Geschmack ist. Und sei es, dass du nur sagst: Ich sehe Blau, es ist warm, es fühlt sich hell an. Ich sehe einen Apfel, ich sehe ein Auto. So gibst du deiner Intuition den Raum, gesehen und beachtet zu werden.

Außerdem ist es immer hilfreich, bei einem Bild, das du bekommst, genau hinzusehen: Wie ist dieses Schiff, das du wahrnimmst? Welche Größe hat es? Welche Farbe? Hat es Rostflecken? Sind Menschen zu sehen? Durch unser eigenes unachtsames Leben, unseren Stress haben viele die Achtsamkeit im Alltag verloren. Fange in deinem täglichen Leben wieder damit an, genau hinzusehen, die Kleinigkeiten wahrzunehmen und sie zu fühlen.

Subjektive und objektive Wahrnehmung

Bei deinen Hellsinnen gibt es eine Unterscheidung zwischen objektiver und subjektiver Wahrnehmung. Objektiv heißt, dass du die Dinge äußerlich und real wahrnimmst. Subjektiv bedeutet, dass du Dinge rein innerlich wahrnimmst.

Ich hatte in den Anfangsjahren meiner Ausbildung zum Medium ein großes Aha-Erlebnis. Besser gesagt ist mir wortwörtlich ein Licht aufgegangen, als es bei meinem ersten medialen Seminar vor vielen Jahren am zweiten Tag um das Thema Aura ging. Wir Teilnehmer saßen uns gegenüber und sollten oberhalb des Kopfes die Aura des anderen sehen. Unser Lehrer war leider unklar in seinen Aussagen und meinte: »Sieh genau hin.« Ich starrte und kniff die Augen zusammen, weil das helfen sollte, doch bis auf den weißen Ring um den Kopf herum, die Ätherschicht, sah ich keine Farben. Meine

Augen schmerzten schließlich durch das Starren so sehr, dass ich sie schloss. Dabei nahm ich dann plötzlich alle möglichen Farben der Aura des Menschen mir gegenüber wahr, was ich allerdings nicht weiterverfolgte, denn wir sollten die Aura ja »sehen«. Nach dem Seminar war ich frustriert. Ich übte zu Hause weiter, die Aura mit meinen Augen zu sehen, was mir aber nach wie vor nicht gelang. Dies führte dazu, dass ich mich irgendwann innerlich dahingehend programmierte, es nicht zu können.

Einige Monate später begann ich an einem anderen Ort meine weitere mediale Ausbildung. Im Laufe des zweiten Kursblockes kam es erneut zum Thema Farben und Aura. Als wir in einer Übung die Aura der Hand des Gegenübers malen sollten, starrte ich auf die Hand wie eine Katze auf die Maus, ohne etwas zu sehen. Irgendwann kam meine Lehrerin, die meinen Frust wahrnahm, und sagte:»Jacqueline, schließe mal die Augen, und schau, welche Farben du siehst und fühlst.« Ich folgte ihr, und da waren sie, die vielen Farben, die ich nun unbeschwert beschreiben konnte.»Na ja, geht doch«, sagte meine Lehrerin, und ich fragte sie, warum ich die Farben denn nicht sehen könne.»Das tust du doch«, antwortete sie.»Du hast sie innerlich gesehen. Das macht keinen Unterschied.«

Mir ging in diesem Moment ein großes Licht auf, und ein Rucksack voller Steine fiel von meinem Rücken. Mittlerweile sehe ich durch das Vertrauen des innerlichen Sehens die Aura der Menschen auch mit offenen Augen. Dorthin wäre ich aber nie gekommen, wenn ich diesen anderen Schritt über das objektive und subjektive Wahrnehmen nicht gemacht hätte. In den einzelnen Hellsinnen werde ich im Detail noch mal darauf eingehen.

Hellfühlen

Wir erleben unsere Intuition oft am leichtesten als ein Gefühl. Es kann ein »Bauchgefühl« sein, dass etwas nicht stimmt, oder du fühlst dich unwohl und kannst nicht erklären, warum. Hellfühligkeit ist das Empfangen intuitiver Botschaften als Emotion oder körperliche Empfindung. Diese Gefühle sind oft subtil und nicht extrem. Jeder von uns hat schon mal erlebt, dass etwas nicht stimmt, wenn man einen Raum betritt, oder dass sich etwas fehl am Platz anfühlt, obwohl optisch alles gut aussieht. Oder du hast dich plötzlich angespannt oder total glücklich gefühlt, konntest aber keinen Grund angeben.

Eventuell war deine Kehle wie zugeschnürt, sodass du keinen Ton herausbrachtest, oder du hattest einen Stein im Magen und wusstest nicht, warum. All das sind Anzeichen dafür, wie unsere Intuition kommuniziert: Veränderungen in deinen Gefühlen und körperliche Empfindungen, die scheinbar aus dem Nichts kommen.

Sensible Menschen nehmen oft die Gefühle und Emotionen von anderen aus ihrer Umgebung auf, und wenn sie nicht gelernt haben, damit umzugehen, verwechseln sie diese häufig mit ihren eigenen Gefühlen. Oder sie lassen sich einnehmen von ihnen, was oft zu einem Energieverlust führt. Wichtig ist hierbei immer, sich bewusst vor und nach einer Übung ein- und auszuschalten. Klare Intentionen, die man sich selbst setzt, können hier helfen. Etwa: »Ich bin nun in meiner Energie«, »Diese Emotion und Wahrnehmung ist nicht meine«, oder »Ich bin nicht dieses Gefühl«.

Bei der Hellfühligkeit unterscheiden wir ebenfalls wieder zwischen objektivem und subjektivem Hellfühlen.

Objektives Hellfühlen ist immer auch körperlich. Du hast plötzlich, ohne Vorgeschichte, ein sehr physisches, reales Empfinden. Das können zum Beispiel Schmerzen sein, die du eine Sekunde davor noch nicht hattest, Übelkeit, ein Druck oder Zittern an einer Körperstelle, Wärme oder Kälte, Herzklopfen, Gänsehaut oder ein erdrückendes Gefühl, sodass dir fast der Atem ausbleibt. Oder du spürst ein so extremes erhabenes Gefühl, das dich fast schweben lässt. Diese Empfindungen kommen ohne Vorankündigung und gehen auch so schnell wieder weg, wie sie gekommen sind. Meist dann, wenn du sie bewusst wahrgenommen hast oder wenn du mit einem anderen Menschen oder Klienten arbeitest und deine Wahrnehmung aussprichst. Wenn du nicht weißt, ob es ein Empfinden von dir oder von einer anderen Person ist, kannst du dich einfach etwas von diesem Menschen entfernen. Wird das Gefühl schwächer, weißt du, es stammt nicht von dir. Bleibt es, dann hat diese Wahrnehmung mit dir zu tun.

Subjektives Wahrnehmen bedeutet, dass die Gefühle oder körperlichen Empfindungen nicht real sind, sondern vielmehr so, als würdest du dich daran erinnern. Als ob dir ein bestimmtes Ereignis aus deinem Leben einfällt und du darüber nachdenkst, wie es sich angefühlt hat. Erinnere dich beispielsweise an eine Verletzung, die du mal hattest, an den Schmerz, die Situation, dein Gefühl. So kommt subjektives Hellfühlen zu dir.

Hellfühligkeit ist für mich der stärkste aller Hellsinne, da hier am wenigsten manipuliert werden kann. Bilder können leicht von uns kreiert oder interpretiert werden, aber eine Empfindung künstlich herzustellen ist schwierig. Ich empfehle jedem, der anfängt, seine Hellsinne zu trainieren, sich anfangs immer auf sein Fühlen zu fokussieren und weniger auf die Bilder, die er sieht.

Psychometrie und Remote Viewing

Psychometrie bedeutet, Informationen aus einem physischen Gegenstand zu erhalten, indem du diese hellfühlend »liest«. Tragen wir beispielsweise eine Kette, nimmt diese unsere Schwingung, unsere Gefühle, Gedanken und Erfahrungen auf. Eine intuitive Person, die sie hält, kann die im Objekt gespeicherten Informationen empfangen. Sie kann herausfinden, ob und wo diese Kette gekauft wurde, ob sie ein Geschenk war, wo sie herkommt, welche Bedeutungen sie hat und wie es mit der Persönlichkeit, den Lebensumständen und der Geschichte des sie tragenden Menschen aussieht.

Dasselbe gilt für Orte. Jeder Ort trägt eine Geschichte und hat viele Informationen über Ereignisse, die dort stattfanden, gespeichert. Wenn du Sachverhalte über einen Ort herausfindest oder Informationen darüber, wo sich ein gesuchter Ort befindet, wird dies als Remote Viewing bezeichnet.

Du hast sicher auch schon einmal die Erfahrung gemacht, einen Raum zu betreten und dich dort unwohl zu fühlen. Hinterher hast du eventuell erfahren, dass der Mensch, der dort lebt, ein aggressiver Mensch ist oder dass dort sogar schon einmal ein Unglück passiert ist. Ich kann mich an ein solches Ereignis erinnern, lange bevor ich als Intuitionstrainerin und Medium gearbeitet habe.

Ich befand mich auf einer längeren Reise und übernachtete einmal beim Vater eines Freundes. Er bewohnte ein älteres Haus, das aber neu umgebaut war. Als ich in der Nacht einschlafen wollte, fühlte ich mich auf einmal einsam und wollte nach Hause. Ich spürte Heimweh und damit ein Gefühl, das mir gar nicht vertraut war, obwohl ich immer viel gereist bin und wegen meines Studiums schon früh weit weg von meinen Eltern gelebt habe. Ich fragte mich innerlich, woher das kommen mochte. Dann fühlte ich plötzlich viele Kinder um mich herum und spürte, dass sie Heimweh oder eine große Sehnsucht in sich trugen. Irgendwann schlief ich ein. Am nächsten Morgen erzählte ich dem Vater meines Freundes von meiner Wahrnehmung, und er sagte mir, dass dieses Haus früher ein Haus für Kinder war, deren Eltern gestorben oder krank waren oder sich in einem nicht zurechnungsfähigen Zustand aufgrund von Alkohol oder Drogen befanden.

Du kannst an jedem Ort herausfinden, was dort geschehen ist. Sogar in der Ermittlung von Kriminalfällen werden oft Remote Viewer oder Medien mit entsprechenden Fähigkeiten herangezogen; obwohl dies natürlich schon sehr geübte Intuitive sind. Du solltest, wenn du bei einer Vermisstensuche oder einem Kriminalfall helfen möchtest, in jedem Fall zunächst großes Vertrauen in deine Intuition haben.

Übung: Hellfühlen

Schließe für einen Moment deine Augen und stelle dir die Frage: Wie empfinde ich mich gerade? Sei präsent und fühle deinen Körper. Spüre, wie sich deine Glieder und dein Körper anfühlen. Verspürst du Anspannungen, Schmerzen oder Unannehmlichkeiten? Bemerkst du beim Sitzen den Stuhl an deinen Beinen oder wenn du schreibst den Stift in der Hand? Werde achtsam und spüre, wie sich deine Gelenke, Füße, Hände oder Finger anfühlen. Dies alles wird dir helfen, dich deines physischen Körpers und der intuitiven Gefühle, die durch ihn übertragen werden, besser bewusst zu werden. Du wirst die Veränderungen leichter wahrnehmen.

Bevor ich eine Sitzung gebe, mache ich stets diese Übung, um wahrzunehmen, wie mein Grundzustand ist, sodass ich sofort die Veränderung spüre, wenn ich die Verbindung zu einem Klienten aufnehme.

Hellsehen

Eine weitere Möglichkeit, wie du intuitive Botschaften empfangen kannst, sind Bilder von Dingen, die wir vor unserem geistigen Auge oder außerhalb von uns selbst sehen. Dies kann nur eine Farbe, ein Fragment eines Bildes oder ein detaillierteres Bild sein.

Auch hier unterscheiden wir wieder zwischen subjektivem und objektivem Hellsehen. Subjektives Hellsehen bedeutet, dass du Dinge in deinem Kopf siehst, am selben Ort also, an dem deine Fantasie Bilder erschafft. So, als ob du dich an ein Ereignis in deiner Vergangenheit erinnerst, das sich wie ein Film oder ein Foto vor deinem geistigen Auge abspielt. Mit dem Unterschied, dass es keine Erinnerung aus der Vergangenheit sein kann, weil die Dinge so niemals vorgefallen sind. Die meisten Menschen, die intuitive Botschaften empfangen, »sehen« sie subjektiv. Zu ihnen zählen auch all die berühmten Hellseher und Intuitive, die du bewunderst.

Beim objektiven Hellsehen nimmst du Bilder außerhalb

von dir wahr, was nur sehr selten vorkommt. Meistens handelt es sich um Seelen von Verstorbenen oder den metaphysischen Teil eines Menschen, der gerade eine außerkörperliche Erfahrung macht, in der sich seine Aura und sein Energiefeld manifestieren oder er sich in einem Traum befindet.

Die Bilder, die du hellseherisch siehst, sind in der Regel nicht vollständig detailliert und nicht sehr aufwendig. Es sind Fragmente, und erst, wenn du nähere Informationen möchtest, kommen neue Segmente hinzu. Zum Beispiel kannst du intuitiv zwar ein Gesicht sehen, aber nur grobe Formen, während Augen, Nase und Mund nicht klar sind. Erst wenn du dann im Detail nachfragst, kommen, wenn es für die Angelegenheit von Wichtigkeit ist, stückweise weitere Details hinzu.

Unterscheidung zwischen Hellsehen und der Kreation von Bildern durch deine Gedanken

Dass intuitive Bilder nicht manipulierbar sind, zeige ich dir an einem roten Apfel. Wenn es ein intuitives Bild ist, dann bleibt der Apfel, den du siehst, rot. Ist es ein Apfel, der aus deinem Ego geschaffen wurde, könntest du ihn schnell in einen grünen Apfel verändern oder ein Stück davon abbeißen, sodass ein Teil fehlt.

Ein weiteres Indiz, das für alle intuitiven Botschaften gilt, ist die Emotionslosigkeit. Intuitive Bilder kommen immer ohne große Emotion daher, während Bilder aus deiner Fantasie mit Gefühlen oder egobetonten Empfindungen aufgeladen sind. Du wirst das in diesem Buch noch öfter hören, aber es ist eines der wichtigsten Dinge, um wahre intuitive

Botschaften zu erkennen: Intuition kommt immer ohne Emotionen zu dir, da es von deiner höchsten Quelle stammt, die immer in Frieden ist.

Ein anderes Indiz dafür, dass du eine falsche hellseherische Botschaft bekommst, ist, wenn du das Gefühl hast, zur Erschaffung dieses Bildes gedrängt zu werden. Wenn du also einen gewissen Druck verspürst, während du das Bild siehst, sei dir bewusst, dass es von deinem Ego abstammt. Intuitive Bilder erreichen dich wie ein Geistesblitz. Sie sind mühelos da und ebenso schnell auch wieder weg. Außerdem kommen hellseherische Botschaften erst mal in Bildfetzen und Fragmenten und nicht gleich als ganzes Gemälde. Unter Umständen siehst du nur eine einzelne Farbe oder einen Ausschnitt.

Näher werde ich darauf im Kapitel »Unterscheide deine Gedanken von deiner Intuition« eingehen.

Übung: Hellsehen

Eines der besten Mittel, um deine Intuition zu entwickeln, sind geführte Meditationen oder Fantasiereisen, in denen du zu bestimmten Orten geführt wirst. Denn damit schulst du dich bewusst darin, innerlich Bilder zu erschaffen. Ich hatte schon einige Klienten, die mir sagten, sie können keine Bilder sehen und auch bei Meditationen sei es schwierig, dass sie mitkommen. Vielleicht ist das ja bei dir auch so.

Ich erinnere mich an eine Klientin mit Namen Klara. Sie war völlig verzweifelt, denn sie wollte meditieren, schaffte es aber niemals, innerlich Bilder zu kreieren. Sie musste sich bemühen, um wenigstens einige Bildfragmente herzustellen. Während der Arbeit fanden wir heraus, dass sie als Kind eine große Tagträumerin war und eine reiche Fantasie besaß. Ihre Eltern hingegen waren ausgesprochen rationale Menschen und konnten nichts damit anfangen. Sie erinnerte sich, dass sie eines Tages in der Schule einen Tagtraum hatte, bei dem sie erwischt und daraufhin vor der Klasse als Märchentante bloßgestellt wurde. Ihre Eltern sagten: »Hör auf, in das Narrenkästchen zu schauen. Mach lieber etwas Produktives.« Durch die äußeren Einflüsse bedingt, wurde sie im Laufe der Zeit immer fleißiger, etwas im Außen zu »schaffen«, effektiv zu sein, und wurde dadurch mit Aufmerksamkeit von ihren Eltern belohnt. So konditionierte sie sich dahingehend, dass etwas mit ihren inneren Bildern nicht richtig sei, und stellte sie langsam ab.

Findet diese Geschichte in irgendeiner Form auch bei dir Resonanz, möchte ich dir sagen, dass du richtigliegst mit deinen innerlichen Bildern und dass du sie jetzt wieder zulassen darfst, denn sie sind ein Teil von dir und deiner Seele.

Was dir dabei helfen kann, ist, jene Zeit zu investieren, die dir als Kind dafür weggenommen wurde. Mache geführte Fantasiereisen und Meditationen, lies Kinderbücher, und fange an, die inneren Bilder wieder leichter wahrzunehmen.

Eine weitere Übung ist die »Bildkreation-Übung«. Nimm dir dafür jeden Tag mindestens drei Minuten Zeit, um bewusst etwas zu sehen, es laut auszusprechen und dann vor deinem inneren Auge nochmals herzustellen.

Du siehst zum Beispiel eine Zimmerpflanze und schaust sie ganz bewusst an. Sage, ohne sie zu bewerten: »Das ist eine

Zimmerpflanze.« Nun schließe die Augen und stelle sie mit deinem inneren Auge genau so her, wie du sie gesehen hast. Dann sagst du noch mal:»Das ist eine Zimmerpflanze.«

Damit schenkst du deinem inneren Auge Aufmerksamkeit und stellst bewusst ein Bild her, das dann als inneres Bilderlexikon gespeichert und jederzeit für deine Intuition abgerufen werden kann. Außerdem wird dich diese Übung sofort in den Moment bringen und dich nach und nach aus deiner Programmierung von »Ich kann keine Bilder wahrnehmen« herausheben. Und vergiss nicht: Du kannst es, weil du eine sehende Person bist.

Hellhören

Hellhören heißt, dass du Botschaften durch Stimmen, Töne, Geräusche oder Musik empfängst. Dieses Phänomen ist normalerweise als deine innere Stimme bekannt oder als kleine, stille Stimme in deinem Kopf. Gerade in unserem Handy-Zeitalter ist es sehr bedeutend. Wenn du dein Hellhören trainierst, kannst du, sobald du die Stimme von einem Menschen hörst, alles über ihn herauslesen.

Auch hier unterscheiden wir zwischen objektivem und subjektivem Hellhören. Beim objektiven Hellhören nimmst du es direkt äußerlich wahr. Du hörst das Geräusch oder die Stimme so, als ob sie real da wäre. Manchmal sind es intuitive Botschaften, die in Form eines Liedes zu dir kommen, das im Radio gespielt wird, während dir eine Entscheidung im Kopf herumschwirrt. Oder dein Kind spricht ein Wort aus, das der Schlüssel zu einem Problem ist.

Sicher ist es dir schon mal passiert, dass du den Fernseher oder das Radio in dem Moment eingeschaltet hast, als es dort eine relevante Diskussion gab oder einen Bericht, der die passenden Antworten für dich hatte. Wichtig ist dabei, offen dafür zu sein. In jeder Sekunde. Diese Bereitschaft hat mein Leben verändert.

Beim subjektiven Hellhören bekommst du die Worte oder Töne innerlich vermittelt. Es ist ein wenig so, als wenn du einen Ohrwurm hast und sich ein Lied in deinem Kopf abspielt. Oder als ob du dich an ein Gespräch oder eine Rede erinnerst.

Auch hier gilt: Genauso wie du Bilder in Teilen und Ausschnitten eines Bildes erhältst, kannst du lediglich ein oder zwei Wörter aus deiner Intuition hören. Dann vernimmst du eine intuitive Botschaft nicht als komplette Sätze, und die intuitiven Worte machen für dich erst mal keinen unmittelbaren Sinn, aber das ist in Ordnung. Du benötigst eine Sammlung dieser intuitiven Pop-ups, die einfach aufpoppen und einen Sinn ergeben, damit du daraus deine Botschaft bilden kannst.

Manchmal höre ich nur ein Wort, aber im Zusammenhang mit meinem Gefühl oder dem Bild, das ich dazu sehe, ergibt sich daraus eine Botschaft. Wenn jemand das Potenzial für ein bestimmtes Musikinstrument mitbringt, eines spielt oder bereits gespielt hat, bekomme ich die Botschaft meistens als Klang oder Melodie, gespielt von diesem Instrument.

Mitunter reicht ein Wort, um Klarheit zu bekommen, wie bei einer meiner Klientinnen. Sie fragte mich, ob sie umziehen soll oder nicht, und wenn ja, wohin. Ich sagte ihr, dass ich sie niemals in ihrem Entscheidungsprozess beeinflussen werde, weil ich an die Eigenverantwortung eines jeden Menschen appelliere. Ich versprach ihr aber, dass ich fühlen werde, was ihre Seele mir in Bezug auf ihren Kraftort zeigt. Da hörte ich plötzlich das Wort »Juche, juche«, mit dem ich nichts anfangen konnte. Ich fragte innerlich nach, was das bedeuten würde, bekam aber wieder nur »Juche«. Etwas irritiert fragte ich sie, ob sie etwas damit anfangen könne, und sie fing an zu strahlen. »Ja, klar«, sagte sie. Sie und ihre beste Freundin, die weiter weg wohne, hätten einen Running Gag und würden sich stets mit »Juche« begrüßen. Schon oft habe sie überlegt, in deren Stadt zu ziehen, konnte sich zu diesem Schritt bisher aber immer nicht entschließen.

Intuitive Botschaften sind in der Regel direkt und auf den Punkt gebracht. Sie geben klare Anweisungen und sind nicht wortreich. Du kannst zum Beispiel hören: »Geh jetzt aus diesem Gebäude hinaus«, »Sprich diese Person an« oder »Stopp«. Am Anfang, wenn du mit deiner Intuition arbeitest, wirst du eventuell nur ein oder zwei Worte hören, weil sie für dich leichter zu verstehen sind. Wenn du deine Fähigkeiten zur Intuition weiterentwickelst, kannst du später dann auch komplexere Sätze hören.

Unterscheidung zwischen Hellhören und Stimmen aus deinem Kopf

Du kannst leicht herausfinden, was deine innere Stimme ist oder was Dinge sind, die du dir ausgedacht hast. Alle Sätze, die mit »Ich« beginnen, stammen aus deinem denkenden Geist, deinem Ego, und damit nicht aus deiner Intuition. Außerdem vermitteln falsche Nachrichten das Gefühl, dass du mit dir selbst redest, und nicht, dass »Es« mit dir redet. Wenn du Dinge hörst, die verwirrend oder unklar sind, ist es dein Denken und nicht deine Intuition. Wortreiche oder unkonkrete Botschaften sind meistens falsche Nachrichten. Denn Intuition kommt immer kurz, prägnant und klar. Vielleicht mit einem Wort oder mit zwei, drei aufeinander folgenden Wörtern. Wenn das, was du hörst, dir Angst macht, dich herunterzieht, beunruhigend oder grausam zu dir selbst und anderen ist, dann ist es eine falsche Botschaft. Auch wenn du eine Information hörst, die nach Tratsch klingt und andere oder dich selbst verletzt, stammt sie nicht von deiner Intuition.

Ich kann mich gut an Sophie erinnern, eine Klientin von mir. Wir hatten ein Coaching, und sie sagte mir, dass sie ständig eine innere Stimme hören würde. Sie glaube, es sei irgendein Wesen, das durch ihre Intuition mit ihr kommunizieren würde. Aber sie hatte es nicht mehr unter Kontrolle, weil diese Stimme ihr überallhin folgte, aufs Klo, beim Autofahren und sogar beim Sex. Ihre Beziehung sei schon fast am Ende, weil sie den Sex nicht mehr genießen könne und sie sich ständig beobachtet fühle. Vor allem, wenn ihr Partner dabei wäre, würde diese Stimme immer wieder kommen.

Hellhörend fragte ich sie, was diese innere Stimme ihr denn alles sagen würde. Sie brauchte eine Zeit lang, um zu antworten. »Ich soll mich trennen«, sagte sie schließlich. »Mein Partner ist nichts wert. Ich würde ohne ihn ein glücklicheres Leben führen.« Dann fuhr sie in einem forschen Ton fort: »Diese innere Stimme, dieses Wesen, hat unsere Beziehung schon so weit gestört, dass wir uns tatsächlich trennen werden.«

Ich fühlte in ihre Situation hinein, und ein Bild von zwei Männern poppte auf. Ich fragte nach, was das Bild zu bedeuten habe, und sah gleichzeitig innerlich das Bild von ihr, wie sie zwischen den beiden Männern hin- und herlief. Klar fragte ich:»Da gibt es noch einen zweiten Mann?« Sie schaute mich erstaunt an, blickte verschämt nach unten und sagte dann leise»Ja«. Nun wurde mir alles klar, und die Geschichte erhellte sich. Sophie hatte sich in einen anderen Mann verliebt und schon länger ein Verhältnis mit ihm. Sie brachte es aber nicht übers Herz, sich zu trennen, da es zusätzlich eine Geschichte in ihrer Kindheit gab. Ihr innerer Druck wurde so groß, dass sie eine innere Stimme kreierte, der sie die Schuld geben konnte für die baldige Trennung von ihrem Freund. Sie wollte als Opfer dastehen und nicht die Verantwortung für die Situation übernehmen. Die Stimme, die sie gehört hatte, war bestimmend, jemand anderen erniedrigend und trennend und kam deshalb nicht von ihrer Intuition, sondern war ein Konstrukt ihres Egos und ihrer Gedanken.

Übung: Hellhören

Es gibt viele Möglichkeiten, dein Hellhören zu entwickeln und zu trainieren. Eine einfache, aber gewinnbringende Übung ist folgende:

Schließe deine Augen, und nimm jeden Tag für mindestens drei Minuten die Geräusche um dich herum bewusst wahr. Höre Musik, und sauge die einzelnen Töne in dich auf. Wenn du etwas hörst, versuche nicht, es zu bewerten, sondern es laut zu benennen, so wie in der vorherigen Übung.

Viele Musiker sind hellhörig, auch wenn sie das selbst nicht so bezeichnen würden. Intuitives Schreiben ist ebenfalls eine großartige Möglichkeit, dein Hellhören zu entwickeln. Die meisten Teile in diesem Buch sind durch intuitives Schreiben entstanden. Ich empfange eine Frequenz in meinem Kopf und forme sie in Wörter um. Setze dich dazu hin, öffne dich für deine Intuition und schreibe drauflos, ohne nachzudenken. Lass dich führen, gehe nicht zu dem vorher Geschriebenen zurück oder überprüfe es auf Verständlichkeit und Sinn, sondern gehe weiter im Flow. Das ist eine wunderbare Möglichkeit, Probleme oder alte Verletzungen aufzuarbeiten. Setze eine Intention, worüber du schreiben möchtest, und lass dich führen. Manchmal kannst du so Klarheit für deine tiefsten Probleme bekommen.

Hellschmecken und Hellriechen

Du kannst intuitive Botschaften auch durch Gerüche oder Geschmäcker empfangen. Ich gehe auf diese zwei Bereiche nur kurz ein, da man damit eher seltener arbeitet und sie sich meist von selbst erklären. Beim objektiven Hellriechen nimmst du einen Geruch wahr, der im Außen ist. Bei der Arbeit mit Jenseitskontakten kommt das manchmal vor, dass schlagartig der Raum nach einem gewissen Parfum riecht und der Verstorbene mit diesem Merkmal zeigt, dass er da ist. Beim subjektiven Hellriechen ist es wie eine Erinnerung an einen expliziten Geruch. So als ob du kurz die Augen schließt und dir eine Banane und deren Geruch vorstellst. Dasselbe gilt beim Hellschmecken. Objektives Hellschmecken ist so, als ob du auf einmal einen Geschmack im Mund hast, obwohl du nichts gegessen hast. Beim subjektiven Hellschmecken erinnerst du dich an einen Geschmack, zum Beispiel daran, wie eine Banane schmeckt. Oder es zieht dir plötzlich deinen Mund zusammen, weil es sauer oder scharf ist. Diese intuitiven Geruchs- oder Geschmacksmeldungen können symbolisch sein und eine tiefere Bedeutung für deine Fragen haben.

Übung: Hellschmecken und Hellriechen

Mache diese Übung in deinem Alltag. Wenn du das nächste Mal isst, nimm die Gerüche oder Geschmäcker bewusst auf. Kaufe dir kleine Aromaöl-Fläschchen mit unterschiedlichen Düften, rieche daran und lass dich zu Geschichten oder Bildern inspirieren. Wenn du Lavendel riechst, wirst du andere Dinge wahrnehmen, als wenn du an einem Limetten-Öl riechst. Nimm die Unterschiede bewusst wahr und achte darauf, welche Botschaften dich zu den verschiedenen Düften erreichen.

Eine schöne Partnerübung ist, dass du einen anderen Menschen intuitiv ein Fläschchen aussuchen lässt und dann durch den Duft eine Botschaft für ihn bekommst. Mit Kindern ist diese Übung toll zu machen. Da spreche ich aus eigener Erfahrung. Kinder sind sehr sensibel für alle erdenklichen Düfte und Nuancen. Gehe nach draußen und rieche an allen möglichen Blumen. Du trainierst damit deine Achtsamkeit. Bewusstes Essen, Riechen und dein Wahrnehmen im Alltag sind hier wieder die größten Lehrmeister, weil sie dich weit voranbringen.

3. Kapitel
Unterscheide deine Gedanken von deiner Intuition

Jenseits von richtig und
falsch gibt es einen Ort.
Hier können wir einander
begegnen.

Rumi

Woher weiß ich, ob es meine Intuition oder ob es Einbildung ist? Dies ist die am häufigsten gestellte Frage, die ich von Menschen erhalte. Das folgende Kapitel wird dir zeigen, wie klare intuitive Botschaften aussehen und was an Informationen aus deinen Gedanken kommt, was Wunschvorstellungen oder Einbildungen sind.

Ohne dich entmutigen zu wollen, sage ich dir trotzdem, dass dein Ego und dein Unterbewusstsein stark sind. Überall möchte sich das Ego bemerkbar machen und lauter sein, damit du deine Intuition nicht hören kannst.

Damit es dir etwas klarer wird, was ich mit der Verfälschung deiner Gedanken, deines Verstandes und deines Egos meine, erzähle ich dir eine kleine, etwas abgewandelte

Geschichte des indischen Yoga-Meisters Paramhansa Yogandana.

Stell dir das Bild von einem Hund vor, das in einem Wasserbecken gespiegelt wird. Zuerst nimmt dein Geist das Bild des Hundes im Wasser wahr und sieht es dann als Widerspiegelung. Es ist die reine Wahrnehmung durch die Sinne. Anschließend setzt der Intellekt ein und teilt die Welt in einzelne Bestandteile auf. Er grenzt ab und definiert die Wahrnehmung: »Das ist ein Hund. Das ist das Wasser. Hier steht ein Mensch« usw. Die Verbundenheit geht erstmalig verloren, da alles in Kategorien eingeteilt wird. Danach kommt das Ego und ergreift Besitz, da es immer aus Angst agiert. Es macht eine Einteilung in »Meines« und »Deines«. Es sagt, das ist »mein Hund«. Das ist erst mal nicht tragisch, denn wir können durchaus Verantwortung für etwas übernehmen, wenn wir sagen, es ist meines oder deines, solange wir nicht daran gebunden sind und uns davon abhängig machen.

Wir können verantwortlich sein für unsere Familie, unser Zuhause, unser Kind. Dennoch beginnt hier die große Täuschung der Wahrheit, denn durch das Ego erfolgt der vierte Schritt: das Einsetzen der Emotionen. Und damit die große Verfälschung. »Wenn ich diesen Hund besitze, bin ich glücklich.« »Dieser Hund ist ein kranker Hund, und deshalb habe ich Arbeit mit ihm. Und damit fühle ich mich nicht gut.« Die Emotionalität, die immer mit dem Ego einhergeht, die Teil des Egos ist, bringt uns in eine Abhängigkeit und führt uns weg von der eigentlichen Wahrheit und unserer inneren Führung.

Wenn du allerdings verstehst, wie deine Intuition zu dir kommt und wie sich deine Gedanken und dein Ego ausdrücken, kannst du den Unterschied sehr schnell fühlen.

Sind es deine Gedanken, oder ist es deine Intuition?

INTUITION KOMMT OHNE EMOTIONEN

Wenn wir uns das Beispiel von oben noch mal vor Augen führen, spiegelt der Geist das reine Abbild, der Intellekt kategorisiert, das Ego teilt ein in »mein« und »dein«, aber erst die Emotionen verfälschen das komplette Bild der Wahrnehmung. Sie lassen dich deine innere Stimme nicht hören. Wenn du Traurigkeit, Wut, Scham, überschwängliche Freude, Aggression oder Angst bei einer Botschaft verspürst, dann kommt das Gefühl aus deinem Unterbewusstsein, deinen Wunschvorstellungen oder deinen Gedanken. Intuition kommt immer in einer neutralen Form zu dir, komplett emotionsfrei. Wenn du schnell Auto fährst, sich hinter der nächsten Kurve das Stauende befindet und deine Intuition dir »Stopp« sagt, wird dieses »Stopp« in Klarheit, Feinheit und Präzision zu dir kommen. Deine Intuition wird nicht rufen: »Achtung, Jacqueline, wenn du weiterhin schnell fährst, wirst du hinter der Kurve in ein Auto hineinfahren und dann einen schweren Unfall haben. Womöglich wirst du für immer gelähmt sein.« Sie wird in dir auch keine Wut erzeugen, dass es einen Stau gibt. Sondern sie wird dir stattdessen ein neutrales »Stopp« oder ein »Achtung« eingeben. Intuition vermittelt dir die Botschaften als Fakten oder Aussagen, aber sie schreit dich nie an oder ist aufgeregt.

Deshalb ist der erste Schritt der Intuitions-Powertool-Technik so wichtig: bewusst in die Stille zu gehen. Manchmal ist es sinnvoll, sich länger Zeit dafür zu nehmen, wenn du gerade stärker emotional geladen bist. Wenn du dich in deiner Mitte fühlst, ist es dann, neben der täglichen Meditation, oft nur ein kurzes, bewusstes Sich-Öffnen für eine höhere Quelle.

INTUITION KOMMT OHNE ANGST

Deine Intuition wird dich niemals in Angst versetzen. Wenn du Botschaften erfährst, die dir Angst bereiten, ist es nicht deine Intuition, sondern es stammt von einer anderen Quelle. Intuition arbeitet nicht mit Sorge, denn deine höhere Quelle wird dich nie verängstigen. Angst führt immer zu Stagnation, sie lässt dich »starr werden« und führt nicht zur Veränderung. Eine Wandlung geschieht nur, wenn du das Potenzial siehst, das in dieser Angst liegt. Denn durch die Sehnsucht, das Potenzial, im Außen zu leben, wirst du dich bewegen.

Intuitive Botschaften kommen stets von der höchsten Quelle, einem Ort von Liebe und Freiheit, wo Angst nicht existiert.Dennoch kann es sein, dass eine Botschaft, die du von deiner Intuition bekommst, bange Gefühle in dir auslöst, weil etwas Neues auf dich zukommt, das umzusetzen Mut erfordert. In diesem Fall kann ein Bauchgefühl, das Angst hervorbringt, auch ein Signal für dich sein, weiterzumachen.

Den Unterschied zwischen Angst, die von deinem Ego stammt, und deinem dich »warnenden« intuitiven Bauchgefühl erkennst du somit an der Botschaft selber. Wenn die Botschaft im Moment ihrer Ankunft schon mit Emotionen, Negativität und Angst besetzt ist, stammt sie nicht von deiner Intuition, sondern von deinem Ego, von deinen Gedanken. Kommt die Botschaft hingegen emotionslos zu dir, mit all den Eigenschaften, die hier in diesem Kapitel angeführt sind, dann will sie dir eine Nachricht geben, die dich auffordert, etwas zu tun, was du vorher nicht getan hast. Und so hast du vielleicht im Nachhinein ein ärgerliches Gefühl.

Trotzdem gilt es, auch hier noch einmal nachzufragen und tiefer in die Information einzutauchen. Eine Frage könnte lauten: »Warum dient das, was ich gerade als Botschaft erhalten habe, meinem höchsten Wohl?« Möglicherweise verstehst du die Antwort dann besser, und deine Angst wird weniger.

Kannst du einmal gar nicht unterscheiden, solltest du deine Botschaft übungsweise durchführen und dabei wahrnehmen, wie du dich fühlst. Dies ist unter Umständen der beste Indikator dafür, mit welcher Energie du arbeitest.

Ich möchte dir zwei Praktiken ans Herz legen, die dir helfen zu lernen, wie du Angst und Intuition unterscheiden kannst:

Die erste Vorgehensweise ist etwas schwer, aber durchaus hilfreich:
Erstelle eine Liste von allem, wovor du Angst hast.
Danach wird es leichter sein, zu erkennen, wann sich ein Bauchgefühl auf eine deiner Ängste bezieht.
Die zweite Vorgehensweise ist folgende:
Stelle dir ein neugeborenes Baby vor, das du in den Händen hältst, oder ein Haustier, das du liebst. Vielleicht auch einen Vogel, und versuche, ein klares Bild davon in deinem Kopf zu bekommen. Achte auf das Gefühl in deinem Bauch, das zu diesem Bild gehört. Die Zärtlichkeit, die Liebe, die Geborgenheit – es wird umfangreich sein.
Danach stelle dir ein destruktives Bild vor, zum Beispiel einen großen Streit mit deinem Partner, eine Ungerechtigkeit in deinem Arbeitsalltag oder was dich sonst ver-

ärgert. Achte auf das Gefühl von vorher: Es wird sich schnell zurückziehen.

Versuche dann, ein ängstliches Gefühl zu erzeugen, das auf intuitiver Führung basiert, bei dem du Mut brauchst. Zum Beispiel, wie du deinem Chef sagst, wie es dir geht. Dass du überfordert bist oder eine Gehaltserhöhung möchtest, die mehr deinem Wert entspricht. Schließe deine Augen und erlebe beide Gefühle gleichzeitig, die Angst und das zugrunde liegende gute Gefühl, das dir zeigt, dass du das Richtige tust.

Wiederhole diese Übung mehrfach, und du wirst sehen, dass du die Unterschiede in der Praxis bald wissen wirst.

Verspürst du dennoch nach wie vor eine klare Angst, solltest du dich tiefergehend mit diesem Thema beschäftigen.

Kurzer Einblick in die Angst

Wir brauchen Angst, denn sie ist es, die uns schützt und uns davor bewahrt, in gefährliche Situationen zu geraten. Angst kann mitunter ein großer Motivator sein und uns helfen, Herausforderungen und Hindernisse zu überwinden. Angst ist auch ein Zeichen dafür, dass wir bereit sind, Risiken einzugehen, uns zu verändern und zu wachsen.

Angst ist ein faszinierendes »Individuum«, da sie sich normalerweise um Unwahrheiten oder Dinge dreht, die noch nicht geschehen sind. Dies veranlasst uns, Sachen zu glauben, die nicht wahr sind, oder uns auf negative Ergebnisse für eine explizite Situation zu konzentrieren.

Das kann manchmal hilfreich sein, aber auch schädlich,

und zwar in dem Moment, in dem wir unseren Gedanken die Kontrolle überlassen. Letztendlich ist Angst ein nicht ganzheitliches Annehmen von dem, was du bist. Ein Mangel an Vertrauen deiner Führung. Am Ende des Buches findest du das Gebet »Urvertrauen«, das mir jeden Tag dabei hilft, ein Stück weit mehr ins Vertrauen zu kommen. Blättere für einen kurzen Augenblick nach hinten. Lies es dir laut vor und spüre die Veränderung.

Eine der größten Ängste, die unsere Welt heute im Kollektiv beherrschen, ist die Angst vor der eigenen Größe. Deshalb auch der Mangel an Vertrauen in die eigene Intuition. Denn wenn wir ihr folgen, sind wir immer in unserer Größe, in unseren Visionen und unserer inneren Stärke.

Mit meiner Arbeit möchte ich Menschen wieder in diese Größe führen, damit es keine Abhängigkeiten mehr gibt, keine Manipulationen, keine Unzufriedenheit. Hierzu ein paar wundervolle Worte von Marianne Williamson:

Unsere tiefste Angst
Ist nicht, dass wir unzulänglich sind, unsere tiefste Angst
ist, dass wir über die Maßen machtvoll sind.
Es ist unser Licht, vor dem wir am meisten erschrecken,
nicht unsere Dunkelheit.
Wir fragen uns: Wer bin ich, dass ich so brillant, großartig,
talentiert, fabelhaft sein sollte?
Aber wer bist du denn, dass du es nicht sein solltest?
Du bist ein Kind Gottes. Dich klein zu halten dient der Welt
nicht.
Dich klein zu halten, damit die anderen um dich herum
sich nicht unsicher fühlen: Das hat nichts mit Erleuchtung
zu tun.

Wir sind dazu bestimmt, zu leuchten wie Kinder.
Wir sind geboren, um die Größe Gottes, der in uns lebt, zu
verwirklichen.
Und diese Größe ist nicht nur in einigen von uns, sie ist in
jedem Menschen.
Und wenn wir unser Licht leuchten lassen, dann geben wir
unbewusst anderen Menschen die Erlaubnis, dasselbe zu tun.
Wenn wir selbst von Angst frei sind, dann sind die anderen
durch unser Dasein auch frei.

Der beste Weg, dich mit deiner Angst anzufreunden, ist, ihre
Präsenz anzuerkennen. Normalerweise bist du dann in der
Lage, besser den Überblick darüber zu gewinnen, ob deine
Angst etwas Wahres an sich hat oder ob sie hauptsächlich
auf Unwahrheiten basiert. Wenn du ihr ohne Urteil zuhörst,
schafft dies mehr Raum für deine Intuition. Wenn du die Botschaften der Angst mit den Botschaften deiner Intuition vermischen kannst, schafft es Harmonie.

INTUITION KOMMT OHNE WERTUNG

Intuitive Botschaften kommen immer ohne Wertung. Die
Nachrichten werden dich oder jemand anderen nicht kritisieren, niedermachen oder das Ego aufbauen. Zum Beispiel
wird deine Intuition nie sagen:»Das war nicht klug«,»Du
bist die Beste«,»Das hätte man schöner machen können«
oder »Du bist nicht gut genug«. Stattdessen gibt dir deine
Intuition eine Botschaft, die besagt:»Folge weiter dieser Entscheidung«,»Geh dort lang«,»Bleib ruhig, wenn das passiert
ist«. Intuition schildert die Situation oder die Lösung neutral,
ohne Superlative und ohne dich oder jemanden herabzusetzen oder zu erheben.

67

INTUITION KOMMT IN SYMBOLEN

Intuition hat eine eigene Sprache, aufgebaut auf Kreativität. Man sagt, dass Intuition direkt mit unserer weiblichen, kreativen und sensitiven Seite verknüpft ist. Deshalb kommuniziert unsere Intuition meistens in ihrer eigenen Sprache mit uns, über Symbole oder Zeichen anstelle von Wörtern. Du siehst vor deinem geistigen Auge, in dir, vielleicht eine Farbe, ein Bild oder sogar ein Wort, das eher symbolische Bedeutung hat als wörtlich zu sein. Oftmals ist es so, dass deine Intuition außerhalb von dir die Aufmerksamkeit auf ein Zeichen lenkt, das als Symbol für deine Botschaft gilt. Jedes Symbol wird für dich eine spezielle Bedeutung haben, und deine Intuition wird dir immer wieder dasselbe Symbol für dieselbe Aussage präsentieren. So kannst du, wenn du trainierst, im Laufe der Zeit sofort wissen, welche Bedeutung welches Symbol für dich hat. Das ist der Grund, warum Medien oder intuitive Menschen schnelle Antworten geben können, weil sie ihre Erfahrung mit den einzelnen Symbolen schon in vielen Hundert Readings und Trainingseinheiten gemacht haben. Ich rate jedem, sein eigenes intuitives Lexikon anzulegen, mit der jeweiligen Bedeutung von Farben und Symbolen, die man im Zuge von Trainings und Feedbacks auf die Richtigkeit des Gegenübers erhalten hat. Einige Symbole werden offensichtlich sein, andere nicht.

Vor allem bei Farben gibt es viele Schattierungen und Farbabstufungen. Für mich bedeutet die Farbe eines satten Kirschrots Wut und Gedanken. Wenn ich bei anderen Menschen diese Farbe wahrnehme, weiß ich, dass derjenige sich in einem Streit mit einem anderen Menschen befindet. Das Thema beeinflusst bewusst oder unbewusst intensiv die Gedanken und zeigt, dass es eine Menge Wut gibt, die gelöst werden darf. Wenn das Rot jedoch eher wolkig erscheint, sind es nur die Gedanken, die jemandem im Weg stehen. Eine mediale Kollegin musste einmal schmunzeln, als ich über Rot sprach, denn bei ihr steht das satte Kirschrot immer für die Liebe. John Edward, ein berühmtes psychisches Medium, sagt, dass sein Symbol für die Liebe eine rosafarbene Rose ist.

Deshalb ist das stetige Üben so wichtig, damit du deine Symbole herausfindest und dir dein eigenes Lexikon oder Wörterbuch erstellen kannst. Ich finde es besser, ein eigenes Wörterbuch der Symbole zu erstellen, als ein Buch der Symbole zu kaufen. Der Grund dafür ist, dass deine Intuition dich innig kennt und mit dir jene Symbole teilt, mit denen du dich identifizieren kannst.

Eine weiße Feder und ein gelber Zitronenfalter heißen für mich, dass der Weg, den ich eingeschlagen habe, oder die Entscheidung, die ich getroffen habe, stimmig ist. Wenn ich eine Entscheidung zu treffen habe, frage ich meistens nach diesem Symbol. Wenn ich es in den nächsten Minuten sehe oder wahrnehme, ist es ein Zeichen, dass der Weg von »Oben« geführt ist und somit im Einklang mit meiner Seele steht.

Du magst denken, dass, wenn du in einem geschlossenen Raum bist, kein Zitronenfalter oder keine Feder plötzlich zu dir kommen kann. Ich habe in dieser Hinsicht schon die spannendsten Dinge erlebt. Vor einigen Jahren musste ich auf eine Anfrage bezüglich eines Schauspielauftrags innerhalb einer Stunde eine Antwort geben. Ich bat meine Intuition, mir während der nächsten fünf Minuten ein Zeichen via Feder zu schicken, sofern ich diesen Job annehmen sollte. Ich saß zu Hause vor meinem Computer, als plötzlich eine E-Mail von einer Bekannten eintraf, die schrieb, dass sie ihre Webseite neu gestaltet habe. Sie bat mich, einen Blick darauf zu werfen, und als ich auf den Link klickte, waren direkt oben auf der Seite zehn weiße Federn zu sehen. Dies war ein eindeutiges Zeichen. Ein anderes Mal, nach einem Intuitionsseminar, hatte ich eine wichtige berufliche Entscheidung zu treffen. Eine Teilnehmerin kam zu mir und bedankte sich mit einem kleinen Geschenk. Das Geschenk war eine Muschel mit einer weißen Feder darin.

INTUITION KOMMT KURZ UND EINFACH

Echte intuitive Nachrichten sind kurz, knackig und kommen in einer Art von Geistesblitzen. Unsere linke Gehirnhälfte – die logisch denkende rationale Seite – versucht ständig Argumentationen zu bringen, um Fragen zu beantworten oder Botschaften zu geben. Unsere Intuition hingegen ist knapp und einfach. Dies gilt insbesondere dann, wenn unsere Intuition mit Worten zu uns spricht. Sie würde niemals sagen: »Es wäre besser, dass du rechts abbiegst, weil das der richtige Weg ist, der dich zum Bahnhof führt.« Sie würde sagen: »Rechts.« Ohne weitere Argumentation. Sie verkürzt auf die Essenz, wie: »Gehe jetzt«, »Stopp«, »Nicht essen«.

Hierzu fällt mir die Geschichte einer Freundin ein, Sarah, die sich vor einiger Zeit auf einer einwöchigen Kreuzfahrt am Nil in Ägypten befand. Es war der vorletzte Tag, und am nächsten Tag stand das Highlight der Reise, ein Ausflug zu einem großen Tempel, an. Jeden Tag wurde auf dem Schiff wohlschmeckendes und reichhaltiges Essen serviert. Am vorletzten Tag gab es ein großes Galadinner mit einem Mehrgangmenü, bei dem zwischen zwei köstlichen Gerichten zu wählen war. Als der Kellner vorbeikam und sie fragte, welches von beiden sie wünsche, hörte und fühlte sie innerlich plötzlich ein »Keines«. Sie zögerte einen Augenblick und fragte nach, was denn »Keines« bedeuten würde, und es kam ein »Nichts essen«. Verblüfft über sich selber, sagte sie dem Kellner »Keines« und ging zum Buffet, um sich dort ein wenig Brot und Aufstrich zu holen. Zu ihrem Glück. Denn am nächsten Tag ging es nahezu allen anderen Passagieren schlecht. Sie hatten eine Lebensmittelvergiftung, wie sich später herausstellte, aufgrund einer verdorbenen Zutat, die in beiden Gerichten enthalten war. Alle verpassten den letzten Ausflug, nur Sarah ging es gut, und sie konnte den großartigen Tempel besichtigen. Die Botschaft für sie war kurz und prägnant gekommen.

INTUITION KOMMT OHNE »ICH«

Das »Ich« bezeichnet in unserem Sprachgebrauch stets unser »Ego« und unsere Personifizierung. Wenn du Botschaften erhältst wie »Ich mach das auf diese Art gut«, »Ich muss die Beziehung beenden«, »Ich muss weitermachen«, kommen diese auf keinen Fall von deiner Intuition. Dein Höheres Selbst legt keinen Wert auf deinen Stolz oder auf dich als Person, sondern nimmt dich als Einheit eines Ganzen wahr, mit dem es entsprechend kommuniziert.

INTUITION KOMMT OHNE DRUCK

Wenn du Botschaften erhältst, die dich in eine bestimmte Richtung drängen wollen, dann stammen sie von deinen Gedanken. Alle Nachrichten, die ein »Du sollst dies und jenes tun« oder »Das musst du machen« oder generell einen »Zwang« enthalten, stammen nicht von deiner Intuition. Intuitive Botschaften kommen stets ohne Druck. Denn die Quelle der Intuition vertraut immer deiner Eigenverantwortung und Selbstbestimmtheit. Sie wird dich nicht zwingen, etwas zu tun. Sie zeigt dir deinen Herzensweg und ist im Vertrauen, dass du diesen Weg gehen wirst. Dennoch wird dich dein Wunschdenken, das aus einem Mangel heraus entsteht, immer wieder drängen, genau seinen Weg zu gehen, um diese Lücke zu füllen. Denn jegliches Wollen entstammt grundsätzlich dem Nichthaben. Doch letztendlich steht alles in unserem Universum in Fülle zur Verfügung.

Du hast sicher schon von Madame Curie gehört, die als erste Frau den Nobelpreis bekommen hat (und das gleich zweimal). Sie arbeitete drei Jahre lang intensiv an einem mathematischen Problem, das sie nicht lösen konnte. Hart und mit viel Druck verfolgte sie die verschiedensten Argumente und kam dennoch zu keiner Lösung. Eines Nachts schlief sie müde und erschöpft ein, wobei das Problem sie selbst beim Einschlafen nicht losließ. In der Nacht wachte sie auf, ging zu ihrem Schreibtisch, schrieb die Lösung in Leichtigkeit auf ein Stück Papier, ging ins Bett zurück und schlief weiter.

Als sie am nächsten Morgen die Lösung auf dem Tisch fand, konnte sie es nicht fassen. Wer hatte das geschrieben? Woher kam diese Lösung? Sie konnte nicht aus der linken Hirnhälfte stammen, denn die hatte drei Jahre lang hart daran gearbeitet. Und auf dem Papier stand nicht der Lösungsweg, sondern nur die Lösung selbst. Wäre sie aus der linken Hirnhälfte gekommen, hätte der Lösungsweg Schritt für Schritt in mathematischen Formeln dagestanden. Es war ein Geistesblitz ihrer Intuition.

Die innere Wahrheit braucht keinen Druck, kein Drängen und keinen Stress, denn sie weiß, dass sie da ist und existiert. Sie ist souverän in ihrer Stärke und keine Illusion wie dein Ego, das krampfhaft versuchen muss, durch Konstrukte »am Leben« zu bleiben. Deshalb wird Intuition immer in Leichtigkeit da sein.

INTUITION IST NICHT ÄNDERBAR

Wenn du eine Botschaft, die du bekommst, leicht verändern kannst, wird sie höchstwahrscheinlich von deinen Gedanken stammen. Nehmen wir mal an, du erhältst eine saftige rote Erdbeere als Botschaft. Wenn diese sich beim nochmaligen Nachfragen einfach in eine unreife und grünliche Erdbeere verändern lässt, ist sie ein Konstrukt deiner Gedanken. Deine Intuition gibt dir immer eine klare, eindeutige Antwort und entscheidet sich dann nicht plötzlich wieder um. Wenn du ein zweites Mal nachfragst, wirst du dieselbe Botschaft bekommen. Eventuell in einer anderen Form oder einem anderen Symbol, aber die Kernaussage bleibt dieselbe. Deshalb ist das erneute Nachfragen und Nachfassen einer erhaltenen Antwort, der geheime Zwischenschritt des Intuitions-Powertool-Programms, so wichtig, um Klarheit über die Botschaft zu erlangen. Wichtig ist, dass du beim zweiten Nachfragen in einer neutralen Grundstimmung bleibst und nicht, weil dir die Antwort nicht gefallen hat und du gern eine andere hättest, in deine Gedanken rutschst.

INTUITION KOMMT IN FRAGMENTEN

Intuition kommt immer in kurzen Fragmenten zu dir. Ich werde hier im vierten Schritt des 5-Schritte-Intuitions-Powertool-Programms darauf eingehen. Ich bezeichne diese Fragmente gerne als Pop-ups, da sich wie in Einblendungen auf Internetseiten kurz ein kleines Fenster mit Informationen öffnet, um dann wieder zu verschwinden. Nehmen wir mal an, es geht um die Frage:»Soll ich weiterhin mit meinem Mann zusammenbleiben?« Du bekommst als Antwort unter Umständen das Wort Haus, oder du siehst ein solches vor deinem geistigen Auge. Wichtig ist zu verstehen, dass dieses

Haus ein Teil der Nachricht ist, ein Teil des großen Ganzen. Weshalb du, damit du eine konkrete intuitive Botschaft erlangst, dann den wichtigsten Schritt nicht vergessen darfst: das erneute Nachfragen. In unserem Fall mit »Was bedeutet Haus in Bezug auf meinen Mann und mich?«. Oder: »Warum zeigst du mir ein Haus?« Dann wirst du ein weiteres Fragment erhalten, das dir mehr Klarheit verschafft, und du fragst erneut nach, und immer so weiter.

Wenn das, was du bekommst, langatmig und wortreich ist, ist es nicht deine Intuition. Nur unsere Gedanken und unsere linke Gehirnhälfte produzieren scheinbar logische aufeinander abgestimmte, der Reihenfolge nach gegliederte Sätze. Denn für unseren Verstand gibt es die Begrenzung von Zeit und Raum, was unsere Intuition nicht kennt. Für sie existiert alles immer zur selben Zeit und ist miteinander verwoben und vereint. Es ist ein großes Feld, ein Ganzes. Deshalb spricht Intuition auch in der besonderen Art und Weise zu uns.

Zeichen von außerhalb

Ich habe von Symbolen gesprochen, die du innerhalb und außerhalb sehen kannst, aber es gibt verschiedene Zeichen, die zu dir finden, wenn du in der Achtsamkeit bist. Solche Zeichen können zum Beispiel aus der Musik stammen. Vielleicht hast du schon einmal einen Ohrwurm gehabt, der genau dann gespielt wurde, als du das Radio eingeschaltet hast. Womöglich war das Lied sogar an der gleichen Stelle angelangt, die du gerade im Kopf gehört hast. Oder du verbindest ein Lied, das du hörst, mit einer bestimmten Person, und diese ruft dann kurz danach an. Aber es geht auch anders. Vor einiger Zeit hatte ich plötzlich das Lied »You've got a friend« im Ohr. Auf Deutsch: »Du hast einen Freund.« Ich hatte es schon lange nicht mehr gehört und sang die erste Strophe mit: »When you're down in troubles and you need some love and care«. Auf Deutsch: »Wenn du in Schwierigkeiten bist und etwas Liebe und Fürsorge brauchst.« Ich blieb an dem Wort »troubles«, Schwierigkeiten, hängen, während ich auf der Straße spazierte und mir eine Frau mit einem Collie, der Hunderasse aus dem Film *Lassie*, entgegenkam. Ich sagte innerlich: »Wie schön, ein Collie«, als mir das Lied mit dem »friend« und »trouble« wieder in den Sinn kam. Plötzlich wusste ich intuitiv, dass meine Freundin Colleen in Schwierigkeiten ist. Sofort rief ich sie an, und es stellte sich heraus, dass es ihr an diesem Tag tatsächlich schlecht ging, sie Probleme in ihrer Arbeit hatte und sich nach Rat sehnte. Nach unserem Gespräch ging es ihr dann besser.

Der Formel-1-Rennfahrer Juan Fangio näherte sich während eines Rennens einer Haarnadelkurve, als er abrupt auf die Bremse trat, ohne zu wissen, warum. Um dann festzustellen, dass er ohne seine scheinbar unerklärliche Verlangsamung in einen Haufen verunglückter Autos gerast wäre. An diesem Tag gewann er den Großen Preis von Monaco. Aber woher sollte er von einem Unfall wissen, wenn es damals noch keine Funkgeräte gab? Die Karambolage war hinter der Kurve, wo er sie nicht sehen konnte!

Juan Fangio war es nicht möglich zu sagen, warum er das Gefühl hatte, anhalten zu müssen. »Der Drang war stärker als mein Wunsch, das Rennen zu gewinnen«, erklärte er später und fügte hinzu, dass er die dunklen Hinterköpfe der Menschen als Zeichen dafür gesehen hatte, dass etwas nicht stimmen würde. Denn normalerweise hätten sie ihn angeschaut.

In dieser entscheidenden Runde drehten die Menschen am Ende der Geraden dem Rennfahrer ihre dunkleren Hinterköpfe zu, weil sie in Richtung des Unfalls blickten. Er registrierte dieses Zeichen, fühlte es als Gefahrensignal und bremste.

Durch die Arbeit mit deiner Intuition wirst du wieder achtsam für deine Umgebung, die Botschaften und Zeichen, die überall vorhanden sind. Es ist mir wichtig, hier noch einmal den klaren Unterschied zwischen dem Symbol deiner Intuition und dem Aberglauben und einer Überinterpretation anzusprechen. Beides entsteht meistens aus einer Angst heraus und kommt damit nicht aus deiner höheren Quelle. Ich kannte eine Frau, die rund tausend Zeichen hatte, etwas nicht zu tun. Jedes Mal, wenn sie eines dieser Zeichen sah, wusste sie, dass es nicht der richtige Weg war. Sie nahm es als Ausrede dafür, nicht ihren Weg gehen zu müssen, nicht ihre Größe anzunehmen und ihrer Vision zu folgen. Es stellte sich später heraus, dass sie eine große Angst vor dem Leben hatte, weil sie als Baby nicht gewollt war und deshalb immer in ihrer Komfortzone bleiben wollte. Es gibt den sogenannten Aberglauben, der aber auf einer großen Angst und Schuld und manchmal auch auf kirchlichen Hintergründen aufgebaut ist. Aber hier siehst du wieder die Emotion, die Negativität oder Angst, die mit dem Symbol in Verbindung gebracht wird und deshalb eben nicht von deiner Intuition stammt.

INTUITION KOMMT FLINK UND SUBTIL

Manchmal, vor allem, wenn du nicht auf eine Antwort wartest oder sie durch eine Frage ausgelöst hast, kommen intuitive Botschaften so, dass du erst innehalten musst, um zu spüren, ob du das jetzt tatsächlich wahrgenommen hast. Du merkst zwar, es war bedeutend, und bist irritiert, hakst dann aber innerlich noch mal nach: »Hab ich das gerade wirklich gefühlt?«, »Hab ich das gesehen?« Vor allem im Alltag kann dich deine Intuition mit ihrer Schnelligkeit schon mal überfordern.

Intuition	Ego-Gedanken
Emotionslos – klar, neutral	Emotionsgeladen
Immer ohne Angst	Angstbesetzte Botschaften, mit Emotion
Flink, schnell, subtil	Langatmig, träge
In Fragmenten, Pop-ups	Lange Sätze, geordnete Struktur
Botschaft ist nicht veränderbar	Botschaft ist leicht veränderbar
Ohne Druck	Will dich in eine bestimmte Richtung drängen
Bilder, Symbole	Kann auch in Bildern und Symbolen kommen, die aber mit Emotionen geladen sind
Ohne »Ich«	Kann »Ich« enthalten
Ohne Wertung	Mit Bewertungen, Vergleichen

Wie du Gedanken und Verstand austricksen kannst

Das Wichtigste ist, dass du deinem Verstand keine Aufgaben mehr zuteilst, denen er nicht gewachsen ist, was nicht bedeutet, dass du ihn nicht mehr wertschätzen sollst. Es ist wichtig, ihn anzuerkennen, als eines der vielen Werkzeuge, die du besitzt. Aber gib ihm nicht mehr die Aufgabe, dein Leben zu führen. Er kann dir auf alle wichtigen Fragen im Leben meist keine brauchbaren Antworten geben.

Nehmen wir als Beispiel deine / n Lebenspartner / in: »Soll ich mit XY zusammenkommen?« Dein Verstand wird zunächst alle möglichen äußeren Dinge prüfen und Argumente vorbringen, warum du XY heiraten sollst oder nicht. Aber deinen Traummann / deine Traumfrau findest du mit Rechenaufgaben, Abwägungen und Vergleichen nicht. Genauso verhält es sich mit anderen großen Lebensfragen: »Was ist meine Seelenberufung? In welches Land soll ich ziehen? Soll ich ein Kind bekommen?« Wenn du glücklich sein möchtest, dann lässt du die Fragen am besten immer durch deine Intuition beantworten.

Es gibt einige Varianten, die dich sofort aus deinen Gedanken bringen können. Ich stelle mir jemanden aus meiner Familie vor und überlege, was ich ihm, als rationalem Kopfmenschen, raten würde, wie er seine vielen Gedanken loslassen kann.

Eine Variante wäre Bungee-Jumping oder ein Fallschirmsprung aus dem Flugzeug. Falls du nun irritiert bist, kann ich sagen, dass ich das auch war, als ich intuitiv diese Zeilen schrieb.

Genau genommen geht es darum, etwas zu tun, was anders ist als sonst, was den Alltagstrott ausblendet und zunächst für Irritationen sorgt. Etwas, was dich aus der Komfortzone bringt, weil es dich sofort weg von deinen Gedanken trägt. Extremsport ist eine äußere Variante, die dich in den Moment zwingt, da du nicht mehr nachdenkst. Wenn du mit einem Rennrad mit hoher Geschwindigkeit um eine Kurve fährst, aktivierst du automatisch deinen Fokus, deine Aufmerksamkeit und alle Sinne, inklusive des sechsten Sinns, um zu fühlen, ob sich ein Hindernis hinter der Kurve befindet. Das ist unter anderem ein Grund, warum viele Menschen extreme Sachen für den Nervenkitzel brauchen.

Weil sie für ein paar Sekunden all ihre Gedanken, ihren Verstand, ihre Probleme, ihren Alltag hinter sich lassen und im reinen Moment sein können. Dennoch ist es nur *eine* Variante. Stelle dir vor, du müsstest jedes Mal Achterbahn fahren, damit du eine intuitive Botschaft empfängst. Oder ich würde, während ich ein Reading gebe, gleichzeitig mit dem Fallschirm springen.

Vielmehr gilt es, den gedankenfreien Zustand aus deinem Inneren herzustellen. Und das kannst du durch bewusstes, regelmäßiges Training und Fokussierung tatsächlich schaffen. Eine Form davon ist die Meditation, auf die ich in Schritt 1 des Programms noch einmal näher eingehen werde. Nur so viel sei an dieser Stelle schon gesagt: Ich rate jedem, mindestens fünf Minuten am Tag zu meditieren. Sich auf den Atem zu konzentrieren und den Fokus auf sein Herz, sein Inneres, zu legen. Du brauchst dich nicht zu verbiegen, um eine perfekte Lotus-Position einzunehmen, noch wirst du gezwungen, »OM ...« zu intonieren. Du musst nicht einmal sitzen, weil du deine Gedanken auch herunterfahren kannst, während du einen Spaziergang machst, kochst oder schwimmst. Der Schlüssel dabei ist, weder an die Zukunft zu denken noch in der Vergangenheit zu schwelgen. Folge dem, was du gerade tust mit Achtsamkeit – spazieren, Kartoffeln schälen oder schwimmen. Behalte es im Fokus und lasse dich hineinfallen.

Ich kann mir ein Leben ohne Meditation nicht mehr vorstellen, da ich es seit vielen Jahren jeden Tag praktiziere. Manchmal sind es nur fünf Minuten, aber dann mit großer Intensität und Klarheit. Eine meiner liebsten Sportarten ist, lange zu schwimmen, weil ich dabei in einen meditativen Zustand gerate. Ich konzentriere mich auf die Bewegungen und auf den Atem, was meinen Kopf ausgesprochen frei macht. Welche Tätigkeit bringt dich dazu, jeglichen Gedanken loszulassen?

Meditation programmiert dein Handeln so, dass du von innen nach außen agierst und nur wenige Dinge in deinem Umfeld dich beeinflussen können.

An dieser Stelle möchte ich dir eine andere wunderbare Übung vorstellen, die dich sofort aus deinem Verstand in dein Herz bringt:

Übung: Kanal ändern

Wenn du gerade das Gefühl hast, bei einer Sache, bei einer Angelegenheit in deinem Leben zu sehr im Verstand zu sein, dann ändere deinen Kanal mit dieser Übung:

Sage dreimal laut hintereinander folgenden Satz:
»Mein Verstand sagt ...« (sage etwas Spontanes) zu dieser Angelegenheit.

»*Mein Verstand sagt ...*« *(sage wieder etwas Spontanes)*
zu dieser Angelegenheit.
»*Mein Verstand sagt ...*« *(sage erneut etwas Spontanes)*
zu dieser Angelegenheit.

Dann lege kurz eine Pause ein und fahre fort mit:
»*Mein Herz sagt ...*« *(sage etwas Spontanes) zu dieser*
Angelegenheit.
»*Mein Herz sagt ...*« *(sage wieder etwas Spontanes) zu*
dieser Angelegenheit.
»*Mein Herz sagt ...*« *(sage erneut etwas Spontanes) zu*
dieser Angelegenheit.

Die Übung wird dir helfen, dein Gewahrsein von deinem Kopf und deinen Gedanken hin zu deiner höheren Frequenz auszurichten. Gleichzeitig erfährst du den Unterschied zu dem, was dein Verstand in einer Angelegenheit sagt und welchen Weg deine Seele stattdessen einschlagen möchte.

Was zu tun ist, wenn du (anscheinend) gar keine Botschaft bekommst

Wenn du das Gefühl hast, keine Informationen zu erhalten, könnte es sein, dass deine Blende nicht weit genug geöffnet ist, ähnlich wie bei einer Kamera. Wahrnehmung ist immer da, und Informationen kommen immer zu uns. Deine Intuition arbeitet unermüdlich. Wenn du eine Frage stellst und glaubst, keine intuitive Antwort zu bekommen, weil nichts da ist, ist trotzdem etwas da. Du nimmst es nur in diesem Moment nicht wahr. Es ist ein Indiz dafür, dass du zurzeit in deinem Kopf, deinem Verstand und nicht in deiner göttlichen Anbindung lebst. Und dass dein Geist nicht fokussiert ist. Während wir um Führung bitten, müssen wir unseren Geist voller Energie und Klarheit halten. Ansonsten wird dein passiver Geist übermäßig offen für unterbewusste, falsche Bilder sein oder keine Wahrnehmungen von Botschaften empfangen. Doch dieses »Nichts«, ohne Botschaften sein, ist eine Art von Selbstsabotage deines Egos und deines Unterbewusstseins. Sie verhindert es, dass du deine Intuition und damit deine Wahrhaftigkeit zum Ausdruck bringst. Weil sie Angst haben, aus der Bequemlichkeit herauskommen zu müssen.

Folgendes kannst du tun, wenn du anscheinend keine Botschaft empfängst:

Richte dich neu aus, mache eine kurze Meditation und frage später noch einmal. Schlafe eine Nacht darüber und bitte darum, dass du eine Antwort im Traum erhältst, denn da schläft auch dein Ego.

Übung: »Wenn du wüsstest ...«

Fantasie kann dabei helfen, in die Wahrnehmung zu kommen. Hier ist die »Wenn du wüsstest«-Technik geeignet.

Wenn du vor einer Entscheidung stehst und anscheinend keine Antwort bekommst, dann stelle dir die folgenden Fragen und antworte blitzartig darauf, ohne nachzudenken.

»Wenn du wüsstest, wie du dich entscheiden sollst, wie sähe das aus?«

»Wenn du wüsstest, was du tun musst, um deine Beziehung zu retten, dann würdest du …«

»Wenn du wüsstest, was der Auslöser deines momentanen Problems ist, dann wäre das …«

Mit dieser »Wenn du wüsstest«-Technik überwindest du die Barriere deines Verstandes und kommst direkt in die Wahrnehmung deiner Intuition. Da alles Wissen jederzeit abrufbar ist, auch von dir, zapfst du direkt an der Quelle.

Du kannst alternative Fragen stellen, indem du zwei verschiedene Antwortmöglichkeiten vorgibst und somit deinen Verstand direkt ansprichst, sodass er gesehen wird und keine Ausweichmöglichkeit mehr hat und dir den Weg zur Wahrnehmung freigeben muss. Du bringst deinen Verstand damit in Bedrängnis, und er muss zur Seite weichen, weil er so schnell keine Antwort findet.

Eine diesbezügliche Frage könnte sein: »Wenn du wüsstest, wo du hinziehen wirst, wäre das nach Österreich oder Deutschland?«

»Wenn du wüsstest, wo die nächste Berghütte ist, wäre das links oder rechts?«

»Wenn du wüsstest, was deine Seelenberufung ist, fände sie eher draußen oder drinnen statt?«

In meinen Seminaren erziele ich damit immer große Wirkung, wenn jemand gerade aufgeben möchte, weil er denkt, er hätte keine Intuition mehr. In einem meiner letzten Seminare gab es einen Teilnehmer namens Michael. Wir waren bei einer Partnerübung, bei der es galt, durch das Halten der Hände die Potenziale und den momentanen Jetzt-Zustand des Menschen gegenüber zu fühlen. Er rief mich verzweifelt zu sich und sagte, dass er »gar nichts bekommen« würde und nichts von seiner Übungspartnerin Silvia fühle. Ich schlug ihm vor, mit ihm die »Wenn du wüsstest«-Übung zu machen, und erklärte, wie sie funktioniert. Er erwiderte, dass dann alles ausgedacht und Fantasie sei, aus der man sich irgendetwas zusammenreimen könne. Ich bat ihn, es einmal auszuprobieren, um von seinem Gegenüber ein Feedback zu erhalten, das ihm zeigen würde, ob seine Fantasie stimmen würde.

Er fand es dann doch spannend und ließ sich darauf ein. »Nehmen wir einmal an, du wüsstest, was gerade der Hauptfokus im Leben von Silvia ist«, fragte ich ihn. »Was wäre das?«

»Michael«, antwortete er spontan, um dann irritiert zu ergänzen: »Aber das ist ja mein Name, ich glaube, ich bin wieder nur bei mir und meinen Gedanken. Ich kann das nicht.«

Ich bat Silvia, erst am Ende ein Feedback zu geben, und stellte ihm die nächste Frage:

»Wenn du wüsstest, wer Michael in Bezug auf Silvia ist, dann wäre das ...?« – »Ehemann«, antwortete er spontan, um dann, verzweifelt und offenbar nicht an sich glaubend, fortzufahren: »Ja, ich bin ja auch ein Ehemann.«

Dann machten wir mit der nächsten Frage weiter: »Nehmen wir mal an, du wüsstest, was Silvias Aufgabe in Bezug auf den Ehemann Michael ist.«

»Pflegen«, war die Antwort, über die er nun sichtlich erstaunt war. Nach ein paar weiteren Fragen und Antworten von ihm in Bezug auf Silvias Potenzial »Naturmedizin« klärte sie ihre momentane Situation schließlich auf. Ihr Mann, Michael, hatte einige Monate zuvor einen Unfall, bei dem er von einem Kran herunterstürzte. Nach vielen Operationen musste Silvia ihn zu Hause pflegen. Während dieser Zeit setzte sie sich mit Heilkräutern und Pflanzen auseinander und kam zu dem Schluss, dies als ihre Berufung anzuerkennen. Alles, was Michael gesagt hatte, stimmte. Er war danach völlig aus dem Häuschen und blühte während des Seminars geradezu auf.

Das Wunderbare an dieser Übung ist, dass du den Verstand nicht versuchst wegzudrängen, sondern ihm Raum gibst, Aufmerksamkeit schenkst und dann über ihn hinausgehst. Du wirst dabei merken, wie komisch es sich aufgrund der Überforderung deines Verstandes anfühlen wird, fast wie eine Synapsenverdrehung.

Was zu tun ist, wenn du ganz falschliegst

Erfolg ist die Fähigkeit, von Misserfolg zu Misserfolg
zu gelangen, ohne die Begeisterung zu verlieren.
Winston Churchill

Eine sehr gute Freundin, Elisabeth, hat mich angeregt, diesen Punkt in dieses Buch miteinzubringen. Ich hatte erst mal gar nicht daran gedacht, weil ich schon immer ein Mensch war, der nie aufgegeben hat, wenn er sich etwas vorgenommen hatte. Ich habe Projekte, die ich umsetzen wollte – seien es mein Studium, diverse Ausbildungen, Businessziele, private Pläne und meine eigene Intuitionsschulung –, immer weiter durchgezogen, selbst wenn es gerade eine schwierige Zeit war oder ich auch ganz gescheitert bin. Natürlich habe ich oft überprüft, ob das, was ich mir vorgenommen habe, gerade noch zu mir passt, aber wenn ich ein bestärkendes Gefühl hatte, habe ich weitergemacht. Nach dem Motto: »Aufgestanden, Krönchen gerichtet und vorangeschritten.« Doch es mag vielleicht den ein oder anderen unter euch geben, der nicht so leicht diese Motivation aufbringt und den es stärker »runterzieht«, wenn etwas nicht sofort funktioniert. Womöglich wenn du mehrere Male gänzlich falschliegst im Training deiner Intuition.

Elisabeth, meine oben genannte Freundin, hat schon einmal komplett das Vertrauen in ihre intuitive Wahrnehmung verloren, weil sie sich in einem Punkt über mehrere Wochen sicher war, aber letztendlich ganz und gar danebengelegen hat. Sie selbst hält sich für einen Menschen, der bei etwa 95 % seiner für sich ausgetesteten Dinge immer richtiglag. In ihrer Schwangerschaft hat ihre Intuition, ihrer Meinung nach, allerdings völlig versagt. Sie fühlte etwa 20 Wochen lang, dass sie einen Buben bekommen würde. Sie hatte bereits damals eine sechsjährige Tochter. Elisabeth hat dazu auch ihre Intuition gefragt, die ihr dies bestätigt hat. Letztendlich in der 20. Woche sagte man ihr, dass es wieder ein Mädchen wird. Sie war wie vor den Kopf gestoßen, vor allem, weil sie auch als Mama in der tiefsten Verbindung und Wahrnehmung zum Baby so falschlag. Sie fiel in ein tiefes Loch, was ihre Intuition anging.

Was Elisabeth mir allerdings auch später geschrieben hat, war Folgendes:

»Ich konnte daraus viel lernen: Austesten funktioniert für mich dann, wenn ich völlig offen bin für das Ergebnis. Diesmal dachte ich, alles muss perfekt sein. Und weil ich vermutlich von der Gesellschaft so geprägt bin, dass für mich ›eine Tochter und ein Sohn‹ perfekt sind, dachte ich, ich bekomme einen Buben.«

Und das ist genau der springende Punkt, auf den ich in

Schritt 3 des Programms noch mal im Detail eingehen werde. Du musst komplett offen und frei sein für das, was kommt. Ansonsten manipuliert dich dein Ego mit seinen Wunschvorstellungen oder den Wunschvorstellungen von anderen. Zusätzlich spielt noch etwas anderes mit hinein: Vielleicht ist dieses Mädchen eher männlich, bringt viele burschikose Eigenschaften mit. Oder dieses Mädchen war in der vorherigen Inkarnation ein Junge und konnte jetzt, in dem Zustand im Mutterleib, natürlich die Weiblichkeit noch gar nicht so leben, und das ist das größte Thema in seiner Inkarnation. Sprich: Vielleicht ist die Wahrnehmung gar nicht falsch, sondern nur die Interpretation davon?

In meiner Intuitions-Trainingsrunde machen wir oft eine Übung, bei der jemand ein Foto in ein Kuvert steckt und die anderen, die das Foto vorher nicht gesehen haben, diesen Menschen wahrnehmen sollen.

Schon einige Male kam es vor, dass ich oder andere dort wahrgenommen haben, dass es sich um eine weibliche oder männliche Energie handelte, und es dann, als das Foto aus dem Umschlag genommen wurde, das Gegenteil war. Doch was erstaunlich war: Nahezu immer war es genau diese männliche oder weibliche Eigenschaft, die bei dem Menschen eine Blockade oder ein Potenzial darstellte. Beispielsweise ging es einmal um eine Frau, die ihr Leben lang »ihren Mann« gestanden hat, als Märtyrerin unterwegs war und immer starke Beziehungsprobleme hatte. Ein andermal ging es um einen Mann, der seine weibliche Seite wunderbar integriert hatte und dadurch sehr feinfühlig und sensitiv war und starke Heilerqualitäten mitbrachte.

Meine Lehrerin hat es in jedem Seminar mehrmals erwähnt: Deine Wahrnehmung – wenn es wirklich deine Wahrnehmung ist und keine Wunschvorstellung – ist immer richtig, doch die Interpretation davon kann falsch sein. Auch von mir wirst du das noch mehrere Male in diesem Buch hören, weil es so wichtig ist.

Ja, du kannst komplett falschliegen, und das auch mehrere Male, am Anfang deines Trainings vielleicht sogar immer. Das ist in Ordnung. Ich habe auch diese Erfahrungen gemacht, wenn ich nicht im bewussten Fokus war und mich ausgerichtet habe. Wenn dir das passiert, möchte es dir aufzeigen, dass du noch in deinen Gedanken und deinem Ego gefangen bist, beeinflussbar von anderen Menschen und auch anderen Energien, und dadurch noch stärker an deiner Anbindung zu »Allem, was ist«, zu Gott, arbeiten darfst. *That's it.* Kein Grund, um aufzugeben oder aufzuhören, sondern eine weitere Motivation, um zu wachsen.

Gib nicht deiner Intuition die Schuld, oder sage, es funktioniert bei dir nicht, sondern schau dir deine Schattenthemen, deine Glaubenssätze, deine Limitierungen an. Dazu gibt es immer wieder einige wundervolle Videos und Blogbeiträge von mir. Schreibe dich am besten auf meiner Seite www.soul.vision in den Newsletter ein, dann wirst du informiert.

4. Kapitel
Das 5-Schritte-Programm zu deinem Powertool Intuition

*All deine negativen Selbst-
konzepte sind Investitionen,
die du getätigt hast, weil du
Angst vor deiner wahren
Größe und Macht hast. Du
brauchst sie aber jetzt nicht mehr.*

Das 5-Schritte-Programm ist ein Plan, der dich zu einem intuitiven Leben führt. Ein Programm, das dich in jeglicher Situation zur Botschaft deiner Intuition führt. Es ist ein von mir in meinen Readings und Seminaren erprobtes Programm, das Menschen schnell eine klare, intuitive Botschaft bekommen lässt. Aufgebaut auf fünf Schritte und einen geheimen Schritt, kann es jederzeit im Alltag, für jegliche Entscheidungen, in der Arbeit mit anderen Menschen, in Therapien, in allen Übungen angewendet werden.

Der 1. Schritt ist das »In die eigene Ruhe kommen«.
Die leise Stimme der Intuition kannst du nur hören, wenn du

deinen Schaffensdrang, deine Erwartungen und deinen lauten Alltag für einen Moment komplett herunterfährst und im Moment der Ruhe verweilst.

Wir alle sind ständig mit anderen Dingen beschäftigt, während wir etwas tun. Genau das müssen wir wieder verlernen, indem wir zu unserem ursprünglichen Sein zurückkehren, so wie wir das einst als Baby gemacht haben. Wenn wir an der Mutterbrust saugten, haben wir ausschließlich das getan. Wenn wir einen Holzring anschauten, waren wir nur davon fasziniert, und alles andere war ausgeblendet. Wir waren total im Moment.

Deshalb liebe ich diese kleine Anekdote aus dem Zen-Buddhismus:

Der Schüler fragt den Meister, was den Meister von ihm unterscheidet.

Der Zen-Meister entgegnet ihm: »*Wenn ich gehe, dann gehe ich. Wenn ich esse, dann esse ich. Wenn ich schlafe, dann schlafe ich.*«

Der Schüler erwidert: »*Aber das mache ich doch auch.*«

Der Zen-Meister antwortet: »*Wenn du gehst, denkst du ans Essen, und wenn du isst, dann denkst du ans Schlafen. Wenn du schlafen sollst, denkst du an alles Mögliche. Das unterscheidet uns.*«

Genau diesen »Meister«-Zustand brauchen wir, um eine klare Botschaft zu bekommen.

Der 2. Schritt ist, eine klare Frage zu stellen, um deine Intuition mit einer Intention herauszukitzeln.
Hier gibt es geeignete und ungeeignete Fragen, die eher

wieder die Gedanken und das Ego antriggern. Der Fokus ist entscheidend, weshalb du die Frage stellst. Und am wichtigsten ist es, eine Selbstverständlichkeit dahingehend zu entwickeln, mit deiner gestellten Frage eine klare Antwort durch deine Intention zu bekommen.

Ich nenne dies das Kinder-Salat-Essen-Syndrom. Früher haben mich andere Eltern immer beneidet, weil meine Tochter ihren Salat aß und dazu noch Obst, während sie selbst ihren Kindern nur mit Mühe eine halbe Gurkenscheibe mit abgeschnittenem Rand unterjubeln konnten.

Ich habe den Müttern immer dieselben Fragen gestellt: »Mit welcher Selbstverständlichkeit gibst du den Salat auf den Teller deines Kindes? Schwingt da schon von Anfang an die Intention mit, dass es schwierig werden könnte, das Kind nur ein Blättchen essen zu sehen?« Oder: »Füllst du deinen Kindern den Salat mit der gleichen Selbstverständlichkeit auf den Teller wie die Spaghetti mit Tomatensoße?«

Genauso verhält es sich mit unserer Intuition. Am Anfang wirst du deine Intuition vielleicht als Salat betrachten und daran zweifeln, ob eine Antwort kommt – oder anders gesagt, ob die Salatblättchen gegessen werden. Doch mit dem Weg in Schritt 2 schaffen wir es, in unsere Frage die Spaghetti-Selbstverständlichkeit einzupacken. So, dass wir konsequent und klar davon ausgehen, sofort eine intuitive Antwort zu bekommen.

Der 3. Schritt ist das »Empfangsbereitmachen«, indem du alles loslässt.

Alle Erwartungen an das, was du weißt und bis jetzt erfahren hast, und das, was du dir wünschst. Es ist der Schritt, der am subtilsten, am schnellsten und für die meisten am herausforderndsten ist. Wir dürfen für einen kurzen Moment Raum und Zeit vergessen.

Der 4. Schritt ist, die Botschaft zu erhalten.

Die »einzelnen Antwort-Pop-ups«, wie ich sie gern nenne. Es ist wichtig zu wissen, wie eine intuitive Botschaft zu dir kommt, im Gegensatz zu einer Botschaft von deinen Gedanken. Wenn wir bewusst anfangen, mit unserer Intuition zu arbeiten, brauchen wir Anhaltspunkte, da die Nachrichten meistens vereinzelt, wie kleine Bildchen oder einzelne Wörter – als »Pop-ups« – erscheinen. Wenn wir ein kleines Fragment einer Antwort erhalten haben, ist es bei Schritt 4 wichtig, im »Stille-Erwartungslosigkeits-Modus« von Schritt 3 zu bleiben, damit deine Gedanken diese Botschaft nicht interpretieren, sondern die Intuition die Antworten weiter vervollständigt.

Als Nächstes folgt der geheime, vergessene Zwischenschritt: die Wiederholung von Schritt 2–4.

Es gibt zwischen Schritt 4 und 5 einen Zwischenschritt, der nicht vernachlässigt werden sollte. Deshalb bezeichne ich ihn als »geheimen Schritt«, damit man besonders daran denkt. Er heißt: »Frage noch mal nach.« Er ist kein eigener Schritt, da er eine Wiederholung der anderen Stufen darstellt, aber er ist essenziell, um die Vollständigkeit einer intuitiven Botschaft zu erhalten.

Die meisten vernachlässigen ihn, weil sie nicht das Verständnis davon haben, dass Intuition jederzeit abrufbar ist. Wir nehmen die Antwort, die wir bekommen haben, hin, wissen aber nicht genau, was sie bedeutet oder was wir damit anfangen sollen. Einige spüren dann Frustration, oder das Ego schaltet sich ein und interpretiert.

Auf die Frage, was der nächste Schritt in Bezug auf unsere Berufung ist, bekommen wir beispielsweise einen Apfel gezeigt und wissen nicht, was er uns sagen möchte. Haben wir bisher zum Beispiel als Zahnarzt gearbeitet, fangen wir sofort mit dem Interpretieren an. Wir überlegen, ob der Apfel ein Hinweis darauf ist, als Obstbauer zu arbeiten. Eine andere Möglichkeit ist, dass wir gar nichts damit anfangen können und frustriert sind.

Dabei haben wir nur den wichtigsten Zwischenschritt vergessen: einfach nachzufragen und in die Tiefe zu gehen. Erneut auf die Intention zu setzen und sie herauszukitzeln. Der Zwischenschritt ist somit, weiterzufragen, bis du eine für dich zufriedenstellende, eindeutige Antwort bekommst. Schritt 2 bis 4 noch mal und noch mal und noch mal zu wiederholen, so lange, bis du Klarheit hast.

Der 5. Schritt ist »Dankbarkeit und ein Versprechen«.
Wenn du deine klare Botschaft hast, dann schließt du das Programm mit diesem Schritt ab.

Du bedankst dich für deine Antwort mit einem »Danke für die Größe«, die durch dich wirkt. Es ist ein Zeichen von Demut vor der Schöpfung und gleichzeitig ein Versprechen an dich selbst, dass du die Antwort, die du bekommen hast, in die physische Manifestation bringst, indem du deinem Herzensweg folgst. Denn was bringen dir die Nachrichten von deiner höheren Quelle, wenn du weiterhin nur nach deinen Gedanken, deinem Verstand und deinen Glaubensmustern handelst?

Dieses 5-Schritte-Programm bringt dich in direkten Kontakt zu deiner Intuition, in den Kontakt zu deinem höchsten Selbst und damit zu deiner inneren Stärke.

Warum eine klare Technik für das Vertrauen wichtig ist

So wie bei allen Fähigkeiten, die wir entwickeln, eine klare Struktur notwendig ist, um etwas immer wieder abrufbar zu machen, verhält es sich anfangs auch mit der Intuition. Jedes Gesellschaftsspiel hat eine Anleitung und fast alle Geräte eine Gebrauchsanweisung, die dir dabei helfen, bestmöglich und lange damit umzugehen. Intuition sollte nicht etwas sein, das mal kommt und mal nicht, worauf du Minuten, Stunden oder Tage wartest, damit du eine Botschaft erhältst. Was wäre ein Powertool, wenn wir ewig darauf warten müssten und nicht wüssten, wie es sofort zu uns kommt, wenn wir es brauchen? Beim 5-Schritte-Intuitions-Programm geht es darum, Intuition immer gleich abrufbar zu machen. Wann immer du es möchtest und wo du es möchtest. Ein klarer Plan gibt uns die Möglichkeit des klaren Trainings. Schritt 1 und 2 und 3 und 4, dann der Zwischenschritt und schließlich Schritt 5 bringen immer ein Ergebnis. Außerdem wirst du dadurch Vertrauen in deine Fähigkeit entwickeln.

Die fünf Phasen der Entwicklung deiner Intuition

Wie ich in meinem eigenen Entwicklungsprozess und bei meiner Arbeit mit Hunderten von Menschen festgestellt habe, durchläuft nahezu jeder Mensch verschiedene Phasen seiner Intuitionsentwicklung. Damit du annähernd weißt, wo du im Moment stehst, werde ich dir dies anhand von fünf Phasen näher erläutern.

Phase 1

»Da gibt es etwas, was ich nicht erklären kann, etwas Unkontrollierbares, etwas, das manchmal passiert. Es hat meine Aufmerksamkeit geweckt.«

Viele Menschen haben am Anfang unerwartete Erfahrungen mit ihrer Intuition. Vielleicht hast du dich plötzlich einmal unwohl gefühlt, ohne dass du wusstest, woher es kommt. Kurz darauf erfährst du, dass jemand krank geworden ist oder dass etwas mit einem Menschen, den du kennst, passiert ist. Oder du denkst an eine Person und triffst diese kurze Zeit später auf der Straße, oder sie ruft dich an. Solche Erfahrungen hat jeder schon einmal gemacht, bewusst oder unbewusst. Danach ist man erstaunt und denkt, wow, warum habe ich das gefühlt oder gewusst?

Kontrollieren kannst du diese Vorhersagen aber nicht, sie kommen und gehen. Eventuell hattest du einen besonderen Traum, der dann fast in derselben Weise eingetreten ist?

Deine Intuition hat deine Aufmerksamkeit geweckt, und du spürst, dass es da etwas geben muss, doch du kannst es nicht kontrollieren. Vielleicht ist es dir in einigen Momenten gar nicht mehr bewusst, dass das deine Intuition ist. Manche Menschen werden dann besonders feinfühlig für andere Energien. Sie können sich auf einmal nicht mehr in großen Menschenmengen oder in großen Einkaufszentren aufhalten, ohne genau benennen zu können, warum das so ist. Manchmal fühlst du dich plötzlich schlecht oder unwohl in deinem Körper, und Emotionen kommen hoch, ohne dass du weißt, warum. Du fühlst dich völlig grundlos traurig, oder es schmerzt dich etwas. Du befindest dich in Phase 1, wenn einer oder mehrere der genannten Punkte auf dich zutreffen.

Phase 2

»Du beschäftigst dich mit deiner Intuition, kannst die Antworten aber zum größten Teil nicht verstehen. Frustration macht sich breit.«

Du befindest dich in dieser Phase, wenn du schon bewusst mit deiner Intuition arbeitest. Du willst tiefer einsteigen und deshalb schon erste bewusste Fragen stellen und wartest, welche Antworten du erhältst. Doch du bekommst nur kleine Fetzen oder Häppchen von Antworten, die du nicht verstehst und mit denen du wenig anfangen kannst. Deine Intuition gibt dir ein Wort, beispielsweise eine Blume oder das Bild eines Schiffs, ohne dass du weißt, was es dir sagen soll und was es für dich bedeutet. In meinen Seminaren erkenne ich diese zweite Phase bei meinen Teilnehmern daran, dass sie mir Fragen stellen wie:»Ich habe jetzt dieses Bild bekommen, habe einen Apfel gesehen, ich habe ein Wort gehört, aber was soll es mir sagen?«

In dieser Phase mischen sich deine Gedanken in die intuitive Botschaft ein. Du bekommst eine Antwort, verstehst sie aber nicht. Was darauf folgt, ist, dass deine Gedanken und dein Ego anfangen, dieses Bild, Geräusch oder das Wort zu interpretieren und in eine für sich passende Antwort zu modellieren. Und da dieses »Gebräu« von intuitiver Botschaft und rationalem Denken oftmals eine falsche Antwort hervorbringt, die nicht voll und ganz aus der Essenz einer höheren Quelle stammt, werden einige Menschen unzufrieden. Und was passiert? Sie denken, dass sie keine Intuitionen empfangen können, und geben auf. Viele bleiben in dieser Phase stecken oder fallen wieder in Phase 1 zurück.

Der Weg in die nächste Phase kann nur über das Anwenden einer stimmigen Intuitionstechnik gehen, die du in diesem Buch bekommen wirst. Nur aufgrund von Bequemlichkeit und weil ab hier ein gewisser Arbeitsaufwand ansteht, geben einige an dieser Stelle leider auf. Doch ich ermutige dich von Herzen, hier Schritt für Schritt weiterzugehen.

Phase 3
»Die Frustration liegt hinter dir, du benutzt Methoden, um deine Intuition herauszukitzeln, und bekommst klarere Botschaften.«

Wenn du dich in dieser Phase befindest, möchtest du alles über verschiedene Übungen oder Methoden erfahren, die dir tieferen Zugang zu deiner Intuition gewähren. Oder du wendest die ein oder andere Methode schon an. Am Anfang dieser Phase werden viele von euch eventuell erst richtig in dieses Buch einsteigen. Denn du bist daran interessiert, tiefer zu gehen und die Botschaften, die du bekommst, wahrhaft zu verstehen. Du besuchst Seminare, liest Bücher, tauschst dich mit anderen aus. Und du verwendest deine Intuition bewusst. Du verstehst, dass es wie bei allen Dingen darum geht, Bequemlichkeiten hinter sich zu lassen und Fähigkeiten zu trainieren. Verschiedene Methoden und Übungen helfen dir, die Intuition bewusst in deinem Alltag einzusetzen. Du kannst deine Intuition auch schon besser kontrollieren. Du fühlst, was eine intuitive Botschaft ist, und bist in der Lage, sie besser von deinen Gedanken zu unterscheiden. Du verstehst, wie du deine Intuition bewusst herauskitzeln kannst. Du fängst allmählich an, längere und klarere Botschaften zu bekommen, und kannst die Bilder, die du siehst, einordnen. Diese Phase nenne ich die Muskel-Aufbau-Phase.

Phase 4
»Du trainierst deine Intuition alleine und mit anderen, du schleifst und polierst sie. Sie wird immer natürlicher für die Entscheidungen in deinem Alltag.«

In dieser Phase bist du tief im Training deiner Intuition. Du erkennst deine Fähigkeiten an und freust dich über deine Ergebnisse, die immer klarer werden. Bilder setzen sich zu Filmen zusammen, und die Dinge, die du wahrnimmst, gehen mehr und mehr ins Detail. Die Technik, die Übungen und die Methoden sind dir bewusst, und du kannst sie immer spielerischer anwenden. Du spürst, wann du eine wahre intuitive Botschaft bekommen hast und wann es deine Gedanken sind, die dir einen Streich gespielt haben. Du bist dabei, deine Intuition zu schleifen, und kannst darüber hinwegsehen, wenn du mal danebenliegst. Du fängst an, mit anderen zu trainieren. Diese Phase ist hervorragend geeignet, einen Intuitionszirkel zu gründen, um eine Regelmäßigkeit in den Übungsprozess zu bringen. Du erkennst immer mehr an, wer du bist, und triffst Entscheidungen aus deinem Herzen heraus. In dieser Phase kommt es bei einigen Menschen zu einer Umstrukturierung der Lebensumstände. Sie bekommen neue Visionen für das Leben, und Altes, das nicht mehr stimmig ist, darf wegfallen.

Phase 5
»Ich lebe ein intuitives Leben in all meinen Lebensbereichen. Ich bin ausgesprochen intuitiv.«

Diese Phase würde ich nicht mehr als Phase bezeichnen,
sondern als Seins-Zustand. Du lebst dein intuitives Leben. Du
weißt, wie durch konkrete Techniken Intuition zu dir kommt,
aber du brauchst sie meistens gar nicht mehr anzuwenden,
weil die Botschaften auch so zu dir gelangen. Du verstehst sie
klar und deutlich und weißt damit umzugehen. Manchmal
kommen sie in großen, detailreichen Informationen, manchmal sind es einfache, kleine Hinweise, die du erhältst. Du
kannst Botschaften für andere Menschen bekommen. Sie bezeichnen dich vielleicht als medial oder hellsichtig. Dein Herz
und deine Intuition bestimmen deinen Alltag. Du bist dir darüber im Klaren, dass, wenn du gegen dein Herz entscheidest,
du dies bewusst tust und nicht mehr aus einem unbewussten
Zustand heraus. Deine Intuition ist, in welcher Situation du
dich auch befindest, die innere Quelle deiner Stärke.

Wie du das 5-Schritte-Programm anwenden sollst

Du kannst dieses Programm als Grundstruktur für alle intuitiven Übungen aus diesem Buch, in der Praxis mit deiner Intuition im Alltag oder, wenn du Coach oder Berater bist, auch
in deinen Beratungen anwenden. Es dient als Grundgerüst.
Du kannst dich daran festhalten und wirst immer intuitive
Botschaften abrufen können. Ich arbeite selbst mit dieser

Technik, und jeder kann in meinen Seminaren in kürzester Zeit, quasi auf Kommando, intuitive Botschaften empfangen. Ich schreibe hier absichtlich »Kommando«, weil deine Intuition durch dieses Programm sofort getriggert wird und du nicht lange auf irgendwelche Zeichen oder Wahrnehmungen warten musst.

Ich bitte dich deshalb, für den optimalen Fortschritt die einzelnen Punkte der Reihenfolge nach durchzugehen. Dadurch werden die einzelnen Schritte mit jedem Training immer mehr automatisiert. Irgendwann musst du nicht mehr nachdenken, und die Schritte verschmelzen zu deiner eigenen Freestyle-Intuition. Es ist so wie mit dem Autofahren. Am Anfang ist Kupplung treten, Gang einlegen, Gas geben immer ein großes einzelnes Element, das du Handlung nach Handlung vollziehst. Und wenn du irgendwann ein geübter Autofahrer bist, geht es von allein. (Und ich spreche jetzt nicht von einem Automatik-Getriebe.)

Auch deine intuitiven Botschaften werden im Laufe des Trainings automatisch zu einem Teil deines Alltags. Wichtig ist, und das ist auch meine Lebensphilosophie, die Freude und den Spaß bei allem Üben und Training nicht zu vergessen. Denn genau darauf baut deine Intuition auf. Aber auf diesen Punkt werde ich im Übungskapitel noch einmal zurückkommen.

5. Kapitel
1. Schritt:
Öffne dich deiner
inneren Stille

Du kannst das Gefäß nicht neu füllen,
wenn es schon voll ist.

Stille ist die Basis, um die leisen Töne wahrzunehmen. Gerade in unserer heutigen Zeit ist es laut um uns herum. Wir werden gestört von Werbung, permanenter Musikbeschallung beim Einkaufen, von Nachrichten, der nörgelnden Nachbarin, die sich das zehnte Mal über das schlechte Wetter beschwert, und vom Handy, das wir immer bei uns tragen, weil es uns mit jeder kleinsten Messenger-Nachricht informiert. Dann sind da noch unsere Gedanken, die ständig damit beschäftigt sind, uns oder andere zu bewerten und uns zu vergleichen:»Was hab ich denn da schon wieder für einen Blödsinn gemacht?«, oder:»Ich schaffe das nicht«,»Die ist viel schöner als ich«,»Ich werde das nie erreichen«. Gedanken kommen hinzu, die sich in der Vergangenheit bewegen, weil wir überlegen, was wir hätten anders machen können.»Warum habe ich mich damals nicht für den Job XY entschieden, dann wäre alles viel besser gewesen.« Und dann sind da auch noch die Sorgen um die Zukunft.»Schaff ich das finanziell?« All das führt dazu, dass wir ständig mit Dingen beschäftigt sind und immer mehr unsere innere Ruhe verlieren. Der Schlüssel zu dieser inneren Stille ist dein Annehmen von Situationen und Menschen und die Erkenntnis, sich nicht dagegen stellen zu wollen. Denn eine Situation, die jetzt schon so eingetroffen ist, kannst du in diesem Moment nicht verändern. Du kannst dich gegen sie stellen, was aber meistens für noch mehr Probleme sorgt. Oder du nimmst sie an und erkennst, warum du hierhergekommen bist. Dann gehst du mit dieser Erkenntnis deine weiteren Schritte.

Das Annehmen geschieht, wenn du dir bewusst deine Zeit der Ruhe und der Stille nimmst. Deshalb heißt für mich jegliche Meditation, in die Stille zu kommen, das Jetzt anzunehmen und nichts »sein« zu müssen. Es ist eine Auszeit von allen Konstrukten, Rollen und Problemen, die wir uns vorwiegend aus Angst heraus geschaffen haben. Denn wir haben unsere Probleme nie aus unserem Herzen heraus erschaffen, sondern immer nur aus unserem Ego. Und unser Ego hat, wie ich es bereits mehrfach erwähnt habe, immer den Grundzustand der Angst, weil es immer aus einem Mangel heraus agiert. Die Unbequemlichkeit, der Tumult führt uns dazu, bereit zu sein und uns zu verändern, aber die Veränderung geschieht nur aus der Stille heraus.

Es ist wie mit der Raupe und dem Schmetterling. Die Raupe ist kurz vor der Verwandlung zum Schmetterling. Sie hat ihr Raupen-Dasein geführt, fühlt aber tief drinnen, dass sie ein Schmetterling ist. Da gibt es einen Traum in ihr, strahlend fliegen zu können. Und nun fühlt sie sich nicht mehr wohl in ihrem bisherigen Leben. Sie sieht all die fliegenden Schmetterlinge und sieht sich in diesem dicken, behäbigen Raupen-Dasein. Es wird unbequem für sie, weil sie Sehnsucht nach Veränderung hat und spürt, dass die begehrte Entwicklung jetzt stattfinden darf.

Wie schön ist es, wenn da ein Schmetterling ist und erzählt, dass er einmal eine Raupe war und diesen Prozess durchgemacht hat. Sie fühlt vielleicht, dass es unverzichtbar ist, diesen Schritt des Raupen-Daseins anzunehmen. Sie fühlt bestenfalls, dass sie stimmig ist, so wie sie als Raupe ist. Doch da ist ihre Sehnsucht. Sie zieht sich deshalb zurück, in ihr Inneres, spinnt sich ein in ihren Kokon, wo die Stille herrscht. Erstmals kämpft sie dann irgendwann dagegen an, zurückgeworfen auf all ihre Problemthemen, mit denen sie sich beschäftigen muss. Sie denkt sich, jetzt ist sie auch noch eingesperrt, doch irgendwann nimmt sie diese Stille an, kommt zu ihrer inneren Ruhe, findet in ihre Mitte, und die Stimme ihres inneren Schmetterlings wird lauter.

Sie ist wichtig, diese Phase, denn hier bekommt sie die Kraft und den Mut, weil sie erkennt, dass es eine Stimme gibt, die sie führt. Irgendwann wird sie ins Vertrauen gehen müssen und all ihre Energie und ihren Mut in die Manifestation bringen, um den Kokon zu durchbrechen. Die Raupe befreit sich mit all ihrer Kraft und wird geboren als Schmetterling.

Übertragen auf unser Leben hieße das, den großen Schritt zu machen, unsere innere Stimme, unsere Intuition ins Außen zu tragen, in unser Tun und Handeln.

Würde die Raupe diesen Kraftakt überspringen, weil jemand von außen käme, um den Kokon aufzuschneiden und den Schmetterling zu befreien, dann hätte er keine Kraft zum Fliegen. Denn er braucht diesen Akt, um all seine feinsten

Systeme im Flügel zu aktivieren und mit Lebensenergie zu versorgen. Der Schmetterling könnte sich nicht bewegen und würde sterben.

Übertragen auf unser Leben hieße das, du bist mit deinen tiefsten Prozessen und Problemen konfrontiert, und jemand von außen befreit dich. Dann würdest du den Lösungsprozess niemals durchmachen, wärst im ersten Moment vielleicht froh darüber, aber im zweiten würdest du erkennen, die Chance in diesem Leben verpasst zu haben, Vertrauen, Kraft und Mut zu bekommen, um dein Schmetterlings-Dasein führen zu können. Du wärst im ersten Moment ein Schmetterling, doch du würdest dich weiterhin fühlen wie eine Raupe und versuchen, durch die Luft zu kriechen. Du würdest herunterfallen. So wie die Raupe, die, ohne dass sie in ihre Mitte gefunden hat, zu fliegen versucht und vom Ast herunterfällt.

Wir brauchen diese Momente der Stille, der Einkehr, damit wir unser wirkliches Sein hören und durch den Prozess unserer selbst gemachten Probleme, Schatten und Krisen gehen können. Und wir brauchen diese Momente nicht nur ein- oder zweimal im Leben, sondern am besten jeden Tag. Damit wir innehalten, um uns so anzunehmen, wie wir sind, unsere innere Stimme hören, Kraft bekommen und unser Leben nach unseren Träumen gestalten können.

Ich nehme mir diese Zeit mindestens zwei- bis dreimal pro Tag. Das würde ich dir ebenfalls empfehlen, auch wenn es jeweils nur zwei bis drei Minuten sind, in denen du innehältst und dich auf dein Inneres, dein Herzzentrum in der Mitte deiner Brust und auf deinen Atem fokussierst. Dazu suche ich mir, wenn es möglich ist, einen ruhigen Ort. Manchmal, wenn ich unterwegs, auf einer Feier oder unter vielen Menschen bin, kann das auch schon mal die Toilette sein. Ich habe dazu eine bestimmte Technik, um schnell in den Moment zu kommen:

Übung: In die Stille kommen – Atmung

Schließe deine Augen und konzentriere dich auf deinen Atem. Zähle dabei im Geiste deine Ausatmungen. Du atmest ein und atmest auf eins aus. Dann atmest du ein und atmest auf zwei aus. Das machst du bis zehn. Dann startest du wieder bei eins. Wenn dich zwischendurch deine Gedanken oder andere Dinge ablenken, startest du wieder bei eins. Das machst du, je nachdem, wie viel Zeit du dir nehmen möchtest, bis du fünf- oder auch fünfzigmal an der Zahl zehn angekommen bist. Durch das Zählen kommst du mit deiner Präsenz in den Moment. Deinen Gedanken wird der Fokus entzogen, und du wirst sofort offen für deine innere Stimme.

Intuition und Meditation

Meditation macht dich klarer, glücklicher und intuitiver.

Eines der wirkungsvollsten Dinge, um deine Intuition zu stärken, ist Meditation. Sie trainiert deinen Geist, die ruhigeren Gedanken, und lässt dich Bilder und Töne bemerken, die deine intuitiven Botschaften ausmachen. Du musst deinen Verstand nicht ausschalten, um deine Intuition zu bemerken, du musst nur wissen, wann die Intuition mit dir spricht. Die meisten Menschen können ihren aktiven Verstand ohnehin nicht ausschalten, faktisch kann das niemand. Du kannst ihn aber ruhiger machen, sodass das »Du«, das all die mentale Aktivität beobachtet, sich des passiven intuitiven Verstandes bewusst werden kann. Und auch wenn wir alle den Begriff schon mal gehört haben, habe ich in vielen Gesprächen herausgefunden, dass es doch nicht so klar ist, wie Meditation genau funktioniert und was die optimale und beste Meditation ist, um deine Intuition zu stärken. Im letzten Teil des Buches findest du einige Meditationen zur Stärkung deiner intuitiven Fähigkeiten und zur Aktivierung deines dritten Auges. Diese Meditationen gibt es außerdem in der Audioversion als MP3, was den Vorteil hat, dass du direkt mitmachen kannst. Mehr dazu auf www.intuition.community.

Ich möchte dir hier kurz ins Gedächtnis rufen, was Meditation im herkömmlichen Sinn ist: eine Praxis, in der du deinen Geist trainierst oder einen gewissen Bewusstseinszustand einleitest. Du kannst meditieren, um einen Nutzen zu erzielen, wie zum Beispiel Entspannung, Stressabbau, Heilung oder die Stärkung deiner Lebenskraft. Oder um Eigenschaften wie mehr Liebe, Geduld, Großzügigkeit und Vergebung zu entwickeln. Meditation kann verwendet werden, um innere Weisheit und Einsicht von der universellen Kraft, Gott, zu gewinnen. Sie ist ein machtvolles Werkzeug, um auf deine Kreativität, deine innere Weisheit zuzugreifen und um deine Intuition zu entwickeln.

Im Allgemeinen kannst du durch Meditation viele Dinge besser machen. Die Konzentration auf Atmung, Visualisierungen, Mantras oder Meditationsmusik kann dabei helfen, Achtsamkeit in den gegenwärtigen Moment zu bringen. Dies schafft die Voraussetzungen dafür, deinen Geist zu beruhigen. Vielleicht zählst du auch zu den Menschen, die einen gewissen Widerstand verspüren, wenn sie meditieren möchten. Vielleicht gibst du in der ersten Minute auf, weil du nicht aus deinem Gedankenkarussell aussteigen kannst. Oder du sagst, dass du zu beschäftigt bist, um dir die Zeit zu nehmen und das richtige Meditieren zu lernen. Vielleicht bekommst du schon beim Gedanken an einen optimalen Lotussitz Knieschmerzen. Oft sind diese Hemmschwellen auf ein Selbstboykott-Programm deines Egos zurückzuführen, das vorübergehend unbewusst abläuft. Dieses Programm tut alles dafür, dass du nicht in die Veränderung zu deinem wahren Selbst gelangst, denn dort hat es keine Macht mehr über dich. Dein Weg ist, dich trotzdem bewusst für die Meditation zu entscheiden, und zwar ohne Kompromisse, selbst wenn es nur 5 Minuten am Tag sind.

Wie meditiert man, um seine Intuition zu trainieren?

Am besten meditierst du, indem du dich auf eine Sache so konzentrierst, dass alles andere wegzufallen beginnt. Eine Möglichkeit kann deine Atmung sein, wie du oben erfahren hast. Eine weitere Möglichkeit ist, eine Kerze anzuzünden und die Flamme mit deinen Augen zu fokussieren.

Trataka wird auch als Kerzenmeditation bezeichnet.

Zünde eine Kerze vor dir an und schau in die Flamme. Versuche, nicht zu blinzeln, und halte den Blick ruhig.

Wenn deine Augen zu tränen beginnen, schließe sie ein

wenig und lass die Tränen deine Wange hinunterfließen. Wenn es gar nicht mehr geht, schließe die Augen für einen Moment komplett und versuche, das Bild der Kerze innerlich im Bereich deines dritten Auges zu halten. Es hilft, wenn deine Augen innerlich nach oben und innen blicken. Sobald du das Bild der Kerze mit geschlossenen Augen nicht mehr sehen kannst, beginne damit, die Kerze erneut zu betrachten, und wiederhole den Prozess nach Belieben.

Während der Meditation beruhigt sich dein Geist. Du bist in der Lage, auf dein Unterbewusstsein zuzugreifen. Du kannst dich ebenso auf andere Dinge konzentrieren, etwa auf ein Wort, das du innerlich ständig wiederholst, oder einen Satz, ein Mantra. Hier gibt es verschiedene Möglichkeiten.

Wenn du zum ersten Mal meditierst, wirst du vielleicht bemerken, dass dein Geist anfängt zu wandern. Wenn du mit geschlossenen Augen sitzt und versuchst, keinen Gedanken zu denken, wirst du unter Umständen frustriert enden, weil dein Verstand dazu neigt zu wandern und du glaubst, dass du versagst. Doch das ist in Ordnung.

Denke daran: Meditation erfordert Übung.

Es ist um einiges leichter, wenn man Führung bekommt, zum Beispiel in Form von Meditationsmusik, oder wenn eine andere Stimme dich durch die Schritte leitet. Dein Verstand schweift dann weniger umher, und es ist einfacher, ihm zu folgen. Du wirst dich nicht in all den Geschichten und To-do-Listen verlieren, nicht über die Vergangenheit nachdenken und dich weniger um die Zukunft sorgen.

Eine andere Art Meditation ist jene, die den Charakter

einer Fantasiereise trägt. Einige davon schulen deine Hellsinne, weil sie dabei helfen, dir Dinge vor deinem geistigen Auge vorzustellen, Farben zu sehen, Düfte zu riechen oder Geräusche innerlich zu hören. All das schult deine subjektiven Hellsinne. Und du brauchst keinen Übungspartner, um diese Meditationen durchzuführen. Ich finde sie als Abwechslung zur normalen Stille oder zur Fokusmeditation wunderbar, deshalb habe ich einige solcher Meditationen entwickelt. Nähere Informationen dazu findest du hinten im Buch.

Du fragst dich: Was ist die beste
Meditationshaltung für den Erfolg?

Es ist viel einfacher, als du vielleicht denkst. Du kannst meditieren, während du auf einem Stuhl sitzt. Dabei weise ich meine Klienten oder Seminarteilnehmer immer darauf hin, die Fußsohlen auf dem Boden zu haben und damit Kontakt zur Erde herzustellen. Du schaffst es hierdurch, das Geistige in die weltliche Erdung zu bringen. Außerdem fällt es dir leichter, Dinge, Probleme und Gedanken, die du nicht mehr brauchst, direkt in die Erde abfließen zu lassen. Ein weiterer relativ banaler Grund ist, dass deine Beine nicht hin und her schlackern und du einen ruhigeren Sitz hast.

Du kannst auch auf dem Boden sitzen und meditieren, oder zu Hause im Bett liegend. Allerdings neigst du, wenn du dich hinlegst, am Anfang meist dazu einzuschlafen, und das ist nicht Sinn einer Meditation. Aber tue das, was für dich am bequemsten ist.

Wichtig ist es, beim Sitzen einen möglichst geraden Rücken zu haben, damit die Energie besser fließen kann und du aufgerichtet bist.

Benjamin Franklin meditierte immer, indem er einen Hammer etwa einen halben Zentimeter über seinem Kopf hielt, sodass dieser, wenn er einschlief, seinen Kopf treffen und ihn aufwecken würde. Er hielt ihn natürlich nicht so hoch, dass es ihm wehtun würde.

Versuche dir jeden Tag mindestens fünf Minuten Meditationszeit zu nehmen, und du wirst einen großen Mehrwert in Bezug auf deine Intuition spüren.

Gehe in die Natur – Waldbaden

Es gibt zwar kein WLAN im Wald,
aber du wirst eine bessere Verbindung finden.

Damit deine Intuition optimal funktioniert, ist es förderlich, dich immer wieder in einer Umgebung aufzuhalten, in der die Vollständigkeit und die Wunder offensichtlich sind. Dadurch schaffst du dir Raum und wirst an die Möglichkeiten und deinen Ursprung erinnert. Was kann es da Besseres geben als die pure Natur? Und mit Natur meine ich nicht den Stadtpark, sondern Wald, Wiesen und weite Täler ohne Häuser. Umgebungen, in denen es fast keine äußeren Einflüsse gibt. Wo die Strahlung der Handys und des WLAN minimiert sind und es kaum andere Menschen gibt, Reklame und Werbung nicht stattfinden und du nur reine, saubere Luft einatmen kannst.

Der Wald spiegelt dir die Einheit wider. Du siehst die Schöpfung, die Vollständigkeit und die Abwesenheit von Mangel. Du siehst die Fülle in ihrer vollsten Pracht vor dir. Wenn du sensitiv und sensibel bist, ist dies die beste Medizin, dich regelmäßig von den vielen Energien anderer Menschen und Situationen zu entfernen. Denn im Wald kannst du leichter nur dich und deine Energie fühlen. Wenn du Bewegung mit Stille kombinieren möchtest, solltest du in der Natur eine spezifische Art der Meditation praktizieren, die Geh-Meditation. Du konzentrierst dich dabei, während du allein gehst, auf deine Schritte und deinen Atem. Du versuchst einen Rhythmus zu finden, der beides miteinander in Harmonie bringt. Dann nimmst du deinen Atem als Fokus. Ich habe das früher beim Wandern in den Bergen praktiziert, während mir durch meine Intuition oft große Ideen für mein Leben kamen.

Vor allem wenn du in der Stadt lebst, solltest du regelmäßig den Wald und die möglichst unbefleckte Natur aufsuchen. In der Stadt fehlt dir meistens die Erdung, die essenziell ist, um unsere Intuition umzusetzen. Du brauchst die Kraft der Erde, damit deine Visionen in die physische Manifestation kommen. Wenn es dir oftmals schwerfällt, Dinge umzusetzen oder zu Ende zu bringen, kann es sein, dass dir die Erdung fehlt, das »Ja« zu dieser Inkarnation. Denn du bist nun einmal hier in diesem menschlichen Körper, und es ist deine Aufgabe, dieses Leben in seiner Vollständigkeit anzunehmen.

Auch ein Baum hat seine Wurzeln tief in der Erde und streckt seine Äste weit in den Himmel.

Übung: Baum-Verbindung

Eine herrliche Möglichkeit, in der Natur in die Erdung zu kommen und gleichzeitig seinen Geist bewusst wahrzunehmen, ist, dass du dich an einen Baum anlehnst.

Möglichst barfuß, damit du die Erde konkret spürst. Stell dir vor, dass deine Fußsohlen, während du an seinem Stamm lehnst, Wurzeln in den Boden schlagen, tief in die Erde. Und dann stelle dir vor, wie aus deinem Scheitel am Kopf eine Lichtsäule weit hinauf strahlt und sich mit Gott – der All-Liebe – verbindet. Spüre, wie diese Lichtsäule von oben in dich zurückstrahlt, durch deinen Scheitel hinein in deinen Kopf, den Hals und die Wirbelsäule hinab in dein Becken, deine beiden Beine und dann durch deine Fußsohlen hinein in die Wurzeln. Spüre deine geistige Anbindung, deine Aufrichtung, die Liebe, Fülle, Heilung und Kraft, die durch dich hindurchfließt. In einem Prozess, der dich sanft in die Stille deiner Mitte führt.

Du kannst all dies genauso auch ohne Baum machen, indem du dir vorstellst, dass du an einem Baum lehnst. Kraftvoller ist es aber in der Natur. Diese Übung ist auch Teil meiner Morgenroutine.

Hast du ein Problem oder einen Streit hinter dir, kann ein kurzer Spaziergang im Wald deine Perspektive auf eine Situation komplett verändern, sodass du den Kopf wieder frei hast und deine innere Stimme wahrnehmen kannst. Du entlüftest deine eventuelle Festgefahrenheit und deinen Starrsinn. Bewegung und Fortschritt werden möglich.

Außerdem kannst du in der Natur ausgezeichnet deine Hellsinne trainieren, da es dort viele natürliche Gerüche, Farben und Geräusche gibt. Schließe deine Augen, rieche an Blumen, und verstärke so dein Hellriechen. Streiche mit geschlossenen Augen über die Blätter, den Waldboden, und trainiere deine Hellfühligkeit. Lausche bewusst den Stimmen des Waldes, und trainiere deine Hellhörigkeit, schau dir bewusst alle kleinen Details der Natur an, die Farben, die Spiegelungen der Sonne, schließe dann die Augen, versuche, alles vor deinem geistigen Auge wiederherzustellen, und trainiere damit dein Hellsehen.

Die Natur ist eine große Chance, ein großes Geschenk, um deinen Raum der Stille zu finden und deine Intuition zu entwickeln.

Herz-Kamin-Atmung

> *Das Bewusstsein der Geschöpfe ist*
> *durch das Atemholen bedingt.*
> Zhuangzi

Wenn wir geboren werden, ist der Atem das erste Zeichen der äußeren Manifestationen unserer Seele, unseres Seins und des Ankommens hier auf unserer Erde. Während meines Schauspielstudiums habe ich mich intensiv mit Atemtechniken auseinandergesetzt. Was ich faszinierend fand, war, dass wir den Atem für verschiedene Rollen benutzt haben. Jemand, der ungeduldig war oder etwas zu verbergen hatte oder sich in Aufregung befand, hatte immer einen sehr flachen Atem, der aus der Brust kam. Jemand, der wie ein weiser König oder Herrscher in seiner Mitte stand und Kraft ausstrahlte, hatte einen tiefen Atem aus dem Bauch heraus. An deiner Atmung erkennst du den Grad, wie tief du in deiner Mitte bist, denn Atmen führt dich zu deinem Herzen.

Dennoch findet die Atmung leider nur wenig Beachtung

in unserem Alltag. Denn sie ist einfach da. Der Atem kommt und geht. Dabei ist er so essenziell für unser Leben. Verwende jetzt einen kurzen Moment darauf, deine Atmung zu beobachten. Wie atmest du? Mehr oben, in der Brust, oder kommt dein Atem aus deinem Bauch?

Versuche einmal bewusst in deinen Bauch zu atmen. Lege deine Hand darauf, und atme tief in deinen Bauch hinein. Werde dir der Veränderung bewusst. Du wirst sofort ruhiger werden, deine Ausdehnung spüren und dich mit deiner inneren Kraft verbinden.

Deine Atmung gibt dir Halt. In Momenten des Schmerzes oder der Krise kannst du dich immer an ihr festhalten. Jede Frau, die schon geboren hat, weiß, wie der Atem dich unterstützen kann, indem er dich durch die Geburt geleitet. Wenn du den Fokus in dieser Situation nicht mehr auf den Atem legst, wird es kaum aushaltbar sein. Und wenn du bewusst atmest, gelingt es dir, den Schmerz wegzuatmen. Und so kann jeder Schmerz durch bewusstes Atmen leichter werden, da der Lebensfluss in den Fokus gerät, der immer mit Heil-Sein gekoppelt ist.

Eine ganz besondere Atemübung, die mich auch im Alltag begleitet, möchte ich dir hier vorstellen: die Herz-Kamin-Atmung.

Der Atem ist in gleichem Maße eine äußere Manifestation deines momentanen inneren Zustands. Er zeigt sofort auf, wie du aus deinem Herzen heraus lebst. Mit der Herz-Kamin-Atmung bringst du das, was in deinem Herzen ist, mit Atmung und Ton in das Außen.

Übung: Herz-Kamin-Atmung

Richte kurz deinen Fokus auf dein Herzzentrum in der Mitte deiner Brust. Atme mit geschlossenem Mund durch die Nase tief in deinen Bauch ein. Dann öffne deinen Kiefer, deinen Mund weit. Lass ihn fallen, sodass du bewusst das dabei entstehende Loch unterhalb deiner Ohren mit deinen Fingern spüren kannst. Atme dann mit einem Ton und Seufzer durch deinen Mund aus. Stell dir dabei vor, dieser Ton oder Seufzer kommt direkt aus deinem Herzen. Dein Hals und Mund sind praktisch der Kamin deines Herzens, und du lässt deinen Herzton, sinnbildlich den Rauch, dabei in die Freiheit.

Mach die Übung dreimal hintereinander. Deine Atmung wird dich sofort in deine Mitte bringen und dich entspannen.

Versuche in nächster Zeit in deinem Alltag, immer öfter bewusst in den Bauch zu atmen, lege generell den Fokus auf deinen Atem, und beobachte die Veränderung.

Achtsames Beobachten

Während meines Schauspielstudiums gab es vier Semester über mir eine Kollegin, die mich mit ihrer Art zu spielen faszinierte. Die Jahresendproduktion war ein Stück, in dem es fast nur männliche Rollen gab. Sie hatte bloß eine kleine Nebenrolle, bei der sie wenig Text hatte, aber trotzdem immer auf der Bühne war. Während sich die jungen männlichen Schauspielstudenten im Vordergrund wortwörtlich einen Wolf spielten, stand sie teilweise nur im Hintergrund oder seitlich auf der Bühne, beobachtete das Geschehen oder setzte ab und zu mal einen Satz dazwischen. Trotzdem schaute ich, und wie ich hinterher im Gespräch mit anderen Zuschauern mitbekam, auch fast alle anderen, die ganze Zeit auf diese junge Frau. In ihrem Gesicht, vor allem in ihren Augen spiegelte sich so vieles, obwohl sie fast nichts tat und nur beobachtete. Ihre Augen wanderten von einem Punkt zum anderen, von einem Kollegen zum anderen, von einer Requisite zur nächsten. Nichts weiter geschah sonst.

Du denkst dir vielleicht, dass das auch andere Schauspieler tun, die zwar gerade nicht im Vordergrund sind, aber trotzdem in der Szene, auf der Bühne sind und in ihrer Rolle reagieren müssen. Ja, das stimmt, aber sie tat es anders. Fasziniert von ihrer Präsenz, sprach ich sie im Hof der Uni eines Tages an, beglückwünschte sie zum Stück und fragte sie, was sie genau dachte oder fühlte, während sie in der Szene auf der Bühne stand.

Sie sagte mir Folgendes: »Ich blicke einfach, ohne zu denken. Ich schaue mir alles, was gerade da ist, an und benenne die Dinge so, wie sie sind. Ich denke nicht nach oder bewerte das, was ich wahrnehme. Ich sehe den Kollegen A, und in meinem Kopf gebe ich wieder: Das ist Kollege A. Er trägt einen schwarzen Pullover, hat blonde Haare. Ich sehe das blutige Messer auf dem Boden, und in meinem Kopf sage ich: Das ist ein blutiges Messer. Ich denke nicht: Das ist der Kollege A, und der hätte sich mal einen roten Pullover anziehen können. Wie er heute wieder aggressiv ist, das mag ich gar nicht. Er könnte ja gleich das Messer auf dem Boden nehmen, das macht mir Angst, und überhaupt würde er hübscher aussehen, wenn er braune Haare hätte.

Denn nur so«, fuhr sie fort, »wenn ich nicht in der Bewertung bin, kann ich aus der Essenz heraus reagieren, und die Essenz ist das, was andere Menschen sehen wollen. Wenn ich irgendwelche Emotionen spielen würde, dann wäre ich nicht im Moment. Ich würde eine Interpretation von einer früheren Begegnung spielen, und das wäre nicht die Essenz dieser Rolle.«

Die Begegnung mit dieser Kollegin veränderte damals mein komplettes Bild vom Schauspielen, aber vor allem das von meiner Weltanschauung. Doch was hat das jetzt mit der Stille und »in seine Mitte kommen« zu tun?

Dadurch, dass du deine Wertungen loslässt und unbedarft nur beobachtest, agierst du automatisch aus deinem Geist heraus, aus deiner Essenz. Und dadurch bist du sofort in deiner Mitte, in deiner inneren Stille. Dazu gibt es, adaptiert aus der Begegnung mit der Kollegin, eine famose Übung, die dich in die Offenheit für deine Intuition bringt. Im Mindfulness- bzw. Achtsamkeitstraining wird diese Übung ausgiebig angewendet.

Übung: Sei neutral

Nimm dir drei Minuten Zeit und fange an, deine Umgebung zu beobachten mit dem Fokus, so emotionslos, neutral und erwartungslos wie möglich zu sein. Schau zum Beispiel aus dem Fenster und sprich laut aus, was du siehst. »Ich sehe ein Haus, eine Straße, eine Frau mit einer Einkaufstüte, einen Baum.«

Sei entspannt, offen und ruhig. Wenn du dich dabei ertappst, zu bewerten, gehe zum nächsten Objekt, das du siehst. Das Tolle ist, dass du diese Übung überall machen kannst, egal wo. Sie bringt dich zuverlässig in deine innere Ruhe und dir Frieden. Führe diese Übung mindestens einmal am Tag durch.

Ich bin

»Ich bin« sind zwei Worte, die direkt mit deiner Seele kommunizieren. Sie beschreiben deinen Seins-Zustand. Dass du einfach bist, ohne dass du etwas sein musst. Sie kitzeln den Zustand des reinen Bewusstseins aus dir heraus.

In einer schwierigen Phase meines Lebens, mit Anfang zwanzig, schien ich meine Aufgabe hier auf Erden verloren zu haben und kämpfte mit großen Selbstzweifeln. Dann haben mich diese beiden Worte immer wieder in das Jetzt, in den momentanen Zustand der Wahrnehmung des Seins, des inneren Friedens und des Annehmens gebracht. Denn das »Ich« beschreibt nicht das Ego, sondern deine Essenz. Und das »Bin« sagt, dass diese Essenz immer ist und sein wird. Es ist die Unendlichkeit der Seele, die Teil des großen Geistes ist, der uns alle verbindet. Die Worte »Ich bin« allein sind wie eine große, lange Meditation.

Übung: Ich bin

Schließe für einen Moment die Augen, atme einmal kräftig tief ein und aus, und sage im Geiste oder laut die Worte: »Ich bin.«
Töne sie, wenn du möchtest, oder sprich sie klar aus, so wie es für dich angenehmer ist. Fühle durch die Schwin-

gung dieser Worte die schnelle Veränderung in deinem
Körper, vor allem in deinem Kopf.
Ich fühle immer sofort ein Loslassen, so als ob ganz viel
Druck abfällt.
Genau das brauchst du, um klare Botschaften deiner In-
tuition zu empfangen. Lasse den Druck, den Stress für
einen Moment komplett fallen.

Wenn du die beiden Worte regelmäßig in deinen Alltag ein-
baust, wirst du merken, dass du in bestimmten Situationen
erheblich gelassener reagieren wirst, denn du besinnst dich
auf deine Vollständigkeit.

Die Hexenwunde

Hast du Probleme, in die Stille zu kommen, oder geht es dir
so, dass du, wenn es um ganzheitliche Themen geht, oftmals
abblockst, obwohl du dich im Inneren dafür interessierst? Ist
es möglich, dass du über deine spirituellen Überzeugungen
vor deiner Familie oder deinen Freunden schweigst? Ver-
steckst du deine Kartendecks, wenn deine Arbeitskollegin
dich besucht? Oder gehst du durch Wellen von Panik und
Angst, wenn du daran denkst, die heilende / intuitive / psychische / geistige Arbeit zu verrichten, die du schon immer
ausüben wolltest?

Die Hexenwunde ist tief in unserer modernen Kultur ver-
wurzelt, in Bildung, Erziehung, Gesundheit, Beziehungen,
Wirtschaft, Religion und Finanzen. Sie bedeutet, dass in den
vielen Inkarnationen, die wir auf der Erde gelebt haben, viele
von uns, insbesondere diejenigen, die sich zu dieser Art von

Arbeit hingezogen fühlten, wegen unserer Unterschiedlichkeit und unseren Fähigkeiten beschämt, gedemütigt, verfolgt, gefoltert oder gar ermordet wurden.

Es gab eine Zeit in der Geschichte, die tief durchdrungen war von der Angst vor dem Unbekannten und der Mystik, von Vorurteilen und dem Versuch von Machthabern, Menschen mit »Gaben« zu kontrollieren. Dies wird im Laufe der Geschichte als »Hexenjagd« dokumentiert und ist Beispiel dafür, was mit Menschen geschah, die sich von der Masse abhoben. Während dieser schrecklichen Zeiten, etwa zwischen 1450 bis 1750, hat fast jeder, der sich als begabt, spirituell, heilend, magisch, anders oder ungewöhnlich herausstellte, Verfolgung, Folter und Mord erlebt. Dem Onlinelexikon Wikipedia und vielen übereinstimmenden anderen Quellen ist zu entnehmen, dass im Zuge der Hexenverfolgung in Europa etwa drei Millionen Menschen der Prozess gemacht wurde, von denen 40 000 bis 60 000 hingerichtet und der Rest für sein Leben ausgegrenzt und verachtet wurde. Wenn du über diese Zahlen nachdenkst, beginnst du zu verstehen, welche Auswirkungen dies nicht nur auf der persönlichen Ebene, sondern auch auf der kollektiven Ebene hatte. Wie es sich auf diejenigen auswirkte und weiterhin auswirkt, die sich dafür entscheiden, in jene spirituellen Kräfte und Fähigkeiten einzutreten, die ihr Geburtsrecht sind. Es ist eine psychische Narbe im kollektiven Bewusstsein entstanden, die vor allem von erwachenden Frauen gefühlt wird, sobald sie erwägen, in ihre Macht zu treten. Sie trägt unter anderem dazu bei, dass Frauen konkurrieren, sich gegeneinander ausspielen und auf diese Weise gegenseitig entehren. Es ist die Angst, die entsteht, wenn einer unserer Freunde, Verwandten oder Kollegen sich über seine energetischen Gaben oder Interessen öffnet und wir, obwohl wir tief in uns Resonanz dazu verspüren, trotzdem anfangen, sie zu verurteilen und zu beschämen. Denn darunter sitzt die Angst, als Kumpane oder Kumpanin mit an den Galgen geschickt zu werden.

In der allgemeinen Schulbildung spiegelt sich dies unter anderem im Weglassen von spirituellen Lehren und einer echten Entwicklung von Kreativität, Intuition und inspiriertem Denken.

Oftmals wird diese psychische Narbe, dieser Abdruck so tief getragen, dass die Angst vor Verfolgung sofort in dein Bewusstsein eindringen kann, sobald du dich entscheidest, deinen spirituellen Weg anzutreten. Diese Angst kann dich dazu bringen, dass du einen anderen Weg wählst als den, den du fühlst. Sie kann dich in Arbeit und Beziehungen führen, die dich zwar sicher, aber letztendlich unerfüllt und unglücklich halten.

Wie heilt man die »Hexenwunde«?

Schon allein die Tatsache, dass du darüber Bescheid weißt, fordert dich auf, in deinen Lebensbereichen zu überprüfen, ob du dort Übereinstimmungen findest. Wie taucht dieses Wissen in deinen Beziehungen, deinem Umfeld, deiner beruflichen Wahl und deinem Sein als Frau auf? Sobald dir etwas bewusst ist, kannst du es klarsichtig ändern. Das bedeutet, Eigenverantwortung zu übernehmen. Es ist heilsam, diese Hexenwunde neutral, ohne Emotionen, anzuerkennen und zu wissen, dass es sich rein um alte Energien handelt, die auf einem langlebigen Gedächtnis beruhen.

Du kannst diese Phase und deine Angst, sofern du sie

haben solltest, segnen und im Geiste umarmen und bewusst durch Vergebung aus dem Opferdasein aussteigen. Denn wie alles andere war auch dies eine Erfahrung, die du machen durftest, um noch stärker in deine innere Liebe zu gelangen. Du solltest es nicht als Vorwand sehen, deinen Visionen und Bestimmungen nicht zu folgen.

Ich bin bereit

All diese beschriebenen Mittel sind prädestiniert, um dir Zeit zu nehmen, immer tiefer deine Ruhe und deine Mitte zu finden. Solltest du schnell eine Antwort brauchen, ist auch hier deine Klarheit und deine Kraft des Fokussierens eine deiner größten Stärken, um dich empfangsbereit zu machen. Dich zu entscheiden, dich jetzt für deine Intuition zu öffnen, ist dabei enorm kraftvoll:

»Ich öffne mich jetzt für meine innere Stimme.«
»Ich bin jetzt bereit, intuitive Botschaften zu empfangen.«
»Meine Intuition arbeitet jetzt zu hundert Prozent genau.«

Es sind diese klaren Worte, dein bewusster Fokus, aus dem Herzen heraus die Kraft zu besitzen, alles zu manifestieren, was du möchtest in deinem Leben. Und wenn du dich bewusst dazu entschließt, jetzt offen für deine Intuition, für deine Antworten zu sein, dann wird dir das, im Zusammenspiel mit der Stille-Übung, gelingen.

6. Kapitel

2. Schritt:
Stelle eine Frage –
deine Intention in diese Welt

Du siehst die Welt nicht so, wie sie ist,
du siehst die Welt so, wie du bist.

Mooji

Mit diesem Schritt forderst du deine Intuition heraus. Ohne eine bewusste Frage wartest du ewig auf irgendeine unspezifische Antwort. Es ist äußerst notwendig, die richtige Art von Fragen zu stellen, damit du deine Intuition bestmöglich aufforderst zu antworten und deine Gedanken, deinen Verstand und dein Ego damit austrickst.

Ich bin am Anfang des Buches schon darauf eingegangen, wie wichtig es ist, eine Intention zu haben. Intention ist ein Grundelement, um mit deiner Intuition zu arbeiten, und weil sie so wichtig ist, möchte ich hier noch mal auf sie zu sprechen kommen. Intention ist der Fokus, den du setzt, das, worauf du deine Aufmerksamkeit richtest. Sie sagt dir, wohin dein Weg, deine Energie gehen soll. Intention ist in allen deinen Lebensbereichen wichtig, wenn du etwas bewegen möchtest. Wenn du einen Schritt gehen willst, ist es wichtig zu wissen, wo dieser Schritt hingehen soll. Intention beruht auf Eigenverantwortung und Self-Empowerment, was bedeutet, dass du aus der Rolle des Opfers steigst und dir deiner Rolle als Schöpfer bewusst wirst. Du erkennst an, dass das, wohin du dein Herz, deine Gedanken, deine Aufmerksamkeit, dein Tun und dein Handeln richtest, in dieser Welt manifestiert wird. Eine Intention setzt den Grundbaustein, um dich als Schöpfer anzuerkennen und als solchen auf dieser Erde deinen Weg gehen zu lassen. Als ich angefangen habe, mich in allen Bereichen meines Lebens als Schöpfer anzusehen, habe ich die Intentionen gesetzt, Gott durch mich wirken zu lassen. Daraufhin spürte ich in vielen Bereichen meines Lebens eine große Leichtigkeit. Es konnte mich nichts mehr so schnell umhauen.

In der Anbindung mit Gott zu sein, bedeutet, seinen eigenen Willen nicht höher zu stellen als den Willen Gottes. Nicht in eine falsche Rebellion zu gehen, weil man glaubt, man wüsste es besser, sondern sich im Vertrauen führen zu lassen, von einer Kreation zur nächsten. Annehmen und wieder loslassen. Verstehen, dass letztendlich nichts da ist, was es zu erfüllen, zu beweisen oder zu »sein« gilt, weil du bereits bist.

Du bist ein Schöpfer. Und am besten wäre es, ein von der eigenen höchsten Quelle geleiteter Schöpfer zu sein. Weil du letztendlich nichts anderes kannst als schöpfen. Entweder bewusst oder unbewusst. Die meisten Menschen unserer heutigen Zeit schöpfen unbewusst. Sie erkennen nicht an, was sie sind, und gehen ohne inneren Fokus, ohne wirklichen Plan und ohne Ziel los. Stattdessen laufen sie mit Sturheit, egobasierten Zielen und einem Märtyrersein los, um dann vom Leben gebeutelt zu werden. Danach sind sie enttäuscht, dass das Leben nicht so verläuft, wie sie es sich wünschen, und geben Gott die Schuld. Der Schmerz wird noch größer, und die falsche Unabhängigkeit, gepaart mit einem bewussten Abgrenzen des Schmerzes, wächst zusätzlich. Dabei wäre die Heilung so klar, wenn sie eine eindeutige Intention aus dem Herzen hinaus ins Leben setzen und anerkennen würden, dass sie Spirit sind, anstatt weiterhin dagegen anzukämpfen.

Mache dir bewusst, wie du dich fühlen möchtest in den unterschiedlichen Bereichen deines Lebens.

Wenn du an deinen Beruf denkst, welches Gefühl möchtest du dazu haben? Wenn du an deine Familie, deine Partnerschaft denkst, welches Gefühl soll dort herrschen? Bei den meisten wird dieses Gefühl die Freude sein, das Glück, die Liebe. Und genau dahingehend kannst du deine Intention, deinen Fokus setzen.

Die richtigen Fragen, um Antwort zu bekommen

Die richtige Frage ist entscheidend, um eine klare Antwort zu erhalten. Eine effiziente Frage stellen heißt, dass du deine Gedanken und deinen Verstand verlangsamst und in Verwirrung bringst, sodass deine Intuition schnell und klar hindurchkommt. Denn wie du weißt, ist deine Intuition immer sofort da, und du musst nicht auf sie warten. Der Trick ist, dir nicht von deinen Gedanken den Weg versperren zu lassen, und das vor allem nicht bei Fragen im Alltag.

Vor nicht allzu langer Zeit musste ich von Österreich zu meinem nächsten Intuitionsseminar, das am kommenden Tag startete, in die Schweiz fliegen. Ich war abends frühzeitig am Flughafen, bummelte noch ein wenig herum und aß eine Kleinigkeit. Doch die Sicherheitskontrolle dauerte ewig, weil mein stylish aussehendes Diktiergerät in meiner Tasche für ein merkwürdiges Objekt gehalten wurde und ich sogar einen Sprengstofftest über mich ergehen lassen musste. Als ich endlich fertig war und alle Sachen eingepackt hatte, schaute ich auf die Anzeige, wo neben der Nummer meines Fluges »Gate Closed« zu lesen war. Ich verstand es nicht, rannte zum Gate, wo ich das Flugzeug sehen konnte. Dort saß eine recht straighte und an diesem Tag offenbar schlecht gelaunte Frau. Auf meine Aussage: »Ich muss noch in diesen Flieger hinein«, sagte sie nur: »Keine Chance. Sie haben Ihr Flugzeug verpasst.«

Mein altes »Ich« hätte so reagiert: »Wie schrecklich. Warum habe ich es nicht geschafft? Was zum Teufel ist los mit mir? Das ist doch das Schlimmste, was passieren kann, oder?«

Nach einer kurzen Entladung meiner Emotion mit einem zischenden »Schei...« fragte ich dann aber sofort das neue »Ich«: »Warum ist das das Beste, was mir im Moment passieren kann? Wie kann das ein Segen sein? Wie bringt es mich weiter?«

Ich fühlte in diesem Moment Frieden in der Situation, und in meiner Intuition poppte sofort der Nachtzug auf, mit dem ich dann letztendlich gefahren bin, um am nächsten Tag ein fabelhaftes Seminar zu leiten.

Wenn du diese Art von ermächtigten Fragen stellst,

drückst du auf einen Schalter in deinem Gehirn, und etwas Großartiges passiert. Du nimmst jegliche Situation als großes Geschenk an und wirst immer mehr in dir ruhen, weil dich nichts mehr so leicht aus der Bahn werfen kann. Denn so funktioniert unsere Intuition: Du stellst gute Fragen und bekommst gute Antworten.

Fragen, die du vermeiden solltest:

Vor allem am Anfang solltest du klassische Ja- und Nein-Fragen vermeiden, denn deine Gedanken haben hier leichtes Spiel und können die Oberhand gewinnen. Du kannst Ja- und Nein-Fragen dennoch mit den Hilfsmitteln verwenden, die du im Übungskapitel unter »Hilfsmittel für Ja- / Nein-Fragen« findest. Denn diese arbeiten nicht rein mit Ja und Nein, sondern mit Gefühlen, Bildern oder Körperwahrnehmungen.

Negative, andere oder dich schlechtmachende und nicht erhebende Fragen sind keine guten Fragen, um eine Antwort von deiner Intuition zu bekommen. Sie appellieren eher an dein dich kleinmachendes Ego. Solche Fragen sind: »Wie kann ich mich an ihm rächen?«, oder: »Warum ist mein Freund so blöd?«

Rhetorische Fragen sollten ebenfalls vermieden werden. Eine rhetorische Frage ist eine Frage, die genau genommen nicht dazu gedacht ist, beantwortet zu werden. Eine solche Frage wäre zum Beispiel, wenn du vor dem Spiegel stehst und fragst: »Bin ich schön?« Denn du bist immer schön!

Oder Fragen, bei denen die Antwort schon feststeht, weil du eine bestimmte Antwort erwartest und gar nicht bereit bist, etwas verändern zu wollen. Du stehst mit einer Zigarette in der Hand da, möchtest nicht mit dem Rauchen aufhören und fragst aber:»Warum rauche ich? Soll ich aufhören?« Deine Gedanken werden dir sofort»gute Gründe« liefern, warum es jetzt in Ordnung ist zu rauchen. Oder für uns Frauen: Du hast das neue teure Kleid im Laden schon in der Hand, bist hin und weg, weil es dir so gut steht, und fragst auf dem Weg zur Kasse noch mal schnell, bevor du es auf den Kassentisch legst:»Soll ich das Kleid kaufen?«

Hier kommen wir zu einem weiteren Punkt: Wenn du gerade emotional bist und stark in Gefühlen steckst oder ein Thema frisch mit Emotionen verbunden ist, kannst du davon ausgehen, dass sich größtenteils deine Gedanken melden und nicht deine Intuition. Du solltest deiner Wut, Trauer, Zorn, Scham, deiner überschwänglichen Freude erst mal Raum geben, um dann nach einer Antwort zu fragen. Eine solche Frage wäre:»Warum hat meine Schwester mich bestohlen?« Oder wenn kurz davor eine Trennung stattgefunden hat:»Warum hat mein Mann / meine Frau mich verlassen?« Wenn du trotzdem in solchen Situationen unbedingt eine Information bekommen möchtest, wäre es gut, mit Hilfsmitteln wie Tarot- oder Weisheitskarten oder Zettelaufstellung zu arbeiten. Mehr Informationen findest du hier im Übungskapitel. Oder du machst ein externes intuitives Coaching oder Reading.

Wertvolle Fragen für intuitive Botschaften:

Nutzbringende Fragen, die du stellen kannst, sind solche, bei denen das Spektrum der Antwortmöglichkeiten groß ist. Denn bei Ja- oder Nein-Antworten oder zwei vorgegebenen Antwortmöglichkeiten können deine Gedanken schnell»zuschnappen« und dich für deine Intuition blockieren, du hörst deine Intuition nicht mehr. Grundvoraussetzung dafür ist immer, nicht fixiert zu sein auf eine Antwort, die du hören möchtest. Wenn du nur eine einzige Antwort erwartest, weil du so eingenommen bist davon, dann würde ich in jedem Fall eine Blindtestung machen. Im Übungskapitel erfährst du mehr dazu.

Wenn eine Frage gestellt wird, bei der es viele Antwortmöglichkeiten gibt, werden dein Verstand und deine Gedanken dazu animiert, erst einmal nachzudenken, um eine solche geeignete Antwort zu finden. Das erlaubt deiner Intuition, die ja sofort da ist, schneller zu sein und damit bei dir anzukommen, bevor dein Kopf es geschafft hat.

Hier ein kleiner Auszug an guten Fragen :

- Wie kann ich das in einen Segen verwandeln?
- Was ist das Gute an dieser Situation?
- Was lerne ich gerade?
- Was sagt mir meine Intuition dazu?
- Was ist das Liebenswerteste, was ich im Moment für mich selbst tun kann?

In Bezug auf Beruf:
- Was kann ich jetzt tun, um viele Kunden oder Klienten anzuziehen?
- Was ist mein Geschenk für diese Welt, meine Berufung?
- Was kann ich tun, um ein gutes Verhältnis mit meinem Chef zu haben?

In Bezug auf Finanzen:

- Was kann ich tun, um mehr Umsatz zu generieren?
- Welcher ist der nächste Schritt, um Fülle in mein Leben zu lassen?

In Bezug auf Partnerschaft und Familie:

- Was kann ich tun, um die Art und Weise zu ändern, in der mein Mann / meine Frau mich behandelt?
- Wie kann ich meine Kinder am meisten unterstützen?
- Was kann ich tun, damit ich eine Partnerschaft in Verbundenheit führen kann?
- Welchen nächsten Schritt soll ich tun, damit ich einen liebevollen Partner / eine liebevolle Partnerin finde?

In Bezug auf Gesundheit:

- Was kann ich tun, damit ich wieder gesund bin?
- Welche nächsten Schritte soll XY machen, damit seine / ihre Herzprobleme aufhören?
- Was soll ich heute essen, um optimal mit Vitaminen und Mineralstoffen versorgt zu sein?
- Wie kann ich meiner Mutter / meinem Vater helfen, damit es ihr / ihm wieder besser geht?

Ich bin mir sicher, dir fallen noch weitere Fragen ein, die du in dein Intuitionstagebuch schreiben kannst.

Wenn bei dir das nächste Mal etwas schiefläuft oder du dich dabei ertappst, dass du dich mit negativen Gedanken im Kreis drehst, stell dir selbst ermächtigende Fragen. Mach es dir zur Gewohnheit, den ganzen Tag über mindestens drei dieser Fragen zu stellen. Mein Favorit ist:

»Wie kann ich jetzt mehr von deinem (Gottes) Willen geschehen lassen?«

Denke daran: Die Gedanken und das Ego, die das Problem verursacht haben, sind nicht diejenigen, die es lösen werden. Wenn wir ermächtigende Fragen stellen, erhalten wir sofort Antworten von unserer Intuition, die uns an Orte bringt, zu denen wir rein mit unserem Bewusstsein unmöglich gelangen könnten.

Aktivierung deines dritten Auges

Ich habe drei Augen. Zwei zum Schauen, eines zum Sehen.
Unbekannter Verfasser

Wenn wir über Intuition sprechen, dürfen wir das dritte Auge nicht vergessen. Damit allein könnte man ein ganzes Buch füllen, so komplex ist es.

Das dritte Auge wird auch inneres Auge oder Stirn-Chakra genannt. Es ist ein kraftvolles Energiezentrum und öffnet den Weg zu Intuition, Weisheit und Erkenntnis. Es wird auch als »das Auge der Intuition« bezeichnet, und es ist die Tür, durch die der Mensch in die astrale und psychische Dimension des Bewusstseins eintritt.

Das dritte Auge befindet sich zwischen oder leicht über deinen Augenbrauen und ist verbunden mit der Zirbeldrüse innerhalb deines Kopfes. Die Zirbeldrüse ist eine kleine, kegelförmige Drüse, die tief im Zentrum des Gehirns im Epithalamus liegt. Sie ist ein Teil des endokrinen Systems und für die Melatoninregulierung zuständig. Melatonin ist eine Chemikalie, die im Gehirn produziert wird und dem Körper hilft, nachts zu schlafen. Die Funktion der Zirbeldrüse besteht darin, die Produktion von Hormonen sowie die Aufrechterhaltung des Schlaf-Wach-Zyklus zu steuern. Bis heute wurde ihre vollständige Rolle und Funktion von Wissenschaftlern nicht definiert.

Eine Verkalkung der Zirbeldrüse tritt oft als Folge von überschüssigem Fluorid und anderen mineralischen Ablagerungen auf. Dies kann wiederum die Fähigkeit des Körpers, Melatonin zu regulieren, sowie den Schlaf-Wach-Rhythmus beeinträchtigen. Die Zirbeldrüse ist lichtempfindlich und scheidet tagsüber weniger Melatonin und nachts mehr aus; deshalb sind die meisten Menschen tagsüber wach und fühlen sich nachts müde für den Schlaf.

Außerhalb des Bereichs der Wissenschaft ist die Zirbeldrüse mit dem sechsten Chakra verbunden, das als Ajna bezeichnet wird und sich, wie gesagt, innen und etwas oberhalb zwischen den Augenbrauen befindet. Chakren sind Energiepfade, die durch den Körper verlaufen. Symbolisch stellt das dritte Auge das Tor zum kosmischen Bewusstsein, zur göttlichen Weisheit, zum inneren Wissen und zur Intuition dar. Dies ist der Ort, an dem das Ego zurückgelassen wird und das Konzept der Dualität sich zu entspannen beginnt, um die Einheit oder das Konzept der Einheit anzunehmen.

Wenn wir anfangen, uns gegenseitig durch das
zu sehen, was der Metaphysiker das dritte
Auge nennt, beginnen wir, uns auf einer Ebene
kennenzulernen, die jenseits dessen liegt,
was unsere physischen Augen sehen können.

Marianne Williamson

Die Verwendung dieses kraftvollen Zentrums kann dich lehren, auf das Göttliche zu vertrauen und gleichzeitig deine Fähigkeit zu managen, dein Leben nach besten Kräften zu richten und deine Rolle in der Welt zu spielen. Wenn dies geschieht, spiegeln deine Handlungen, Worte und Entscheidungen diesen Zustand des Seins wider, und eine friedlichere Existenz ist möglich.

Es gibt einige Anzeichen dafür, dass deine Zirbeldrüse gut funktioniert und dein drittes Auge aktiviert ist. Hier möchte ich dir ein paar nennen:

- Du findest einen tieferen Sinn in den Ereignissen, die in deinem Leben stattfinden.
- Du spürst die Schwingung und den Rhythmus von allem um dich herum.
- Du verstehst und fühlst, dass die physische Realität eine Manifestation der Dualität ist und deine Seele versucht, von dieser Dualität befreit zu werden.
- Du fühlst dich nicht mehr allein, sondern mit allen Dingen verbunden.
- Deine Sinne werden gestärkt, und dein sechster Sinn funktioniert gut (Berührung, Geschmack, Geruch, Gehör, Sehvermögen).
- Du bist kreativ.
- Du beginnst, deinen eigenen Energiekörper und andere wahrzunehmen und zu fühlen.
- Du identifizierst dich weniger mit deinem Ego und deinen Emotionen.
- Du fühlst mehr die Leichtigkeit und die Freude des Lebens.

Es ist von Vorteil, deine Intention, die Frage, die du aussendest, direkt innerlich von deinem dritten Auge auszusenden. Damit aktivierst du dein drittes Auge und setzt ein klares Zeichen, dass deine Intuition antworten soll.

Übung: Aktivierung des dritten Auges

Schließe deine Augen, und schaue innerlich in Richtung oben und gleichzeitig nach innen. Fokussiere im Geiste die Stelle deines dritten Auges. Atme tief in diesen Bereich ein und aus. Versuche mit jedem Atemzug dein drittes Auge bewusster wahrzunehmen. Wenn es dir hilft, stelle dir dort eine Art Fensterglas vor, durch das du von innen nach außen in die Welt schaust. Du wirst vermutlich merken, dass du leichten Druck oder Kribbeln an der Stelle deines dritten Auges verspürst. Vielleicht auch einen Druck etwas tiefer, am Sitz deiner Zirbeldrüse.

Wenn du den Fokus mit geschlossenen Augen hast, dann öffne deine Augen und versuche so diesen innerlichen Blick, eventuell mit der Glasscheibe, zu bewahren. Vielleicht fühlt es sich für dich so an, als ob du plötzlich mit drei Augen sehen würdest, wobei die beiden physischen Augen weniger Bedeutung haben als das dritte Auge. Mache diese Übung, sooft du möchtest. Sie aktiviert und stimuliert dein drittes Auge und deine Zirbeldrüse direkt.

Stelle deine Frage mit dem dritten Auge

Wie ich oben schon erwähnt habe, ist es hilfreich, deine Intention, deine Frage, durch das dritte Auge zu stellen. Dafür richte kurz den Fokus wie in der Übung zuvor auf die Stelle deines dritten Auges. Visualisiere, dass du die Frage von dort wie einen Lichtstrahl nach vorne und oben hinaus in das Universum sendest. Du gibst damit deiner Intention mehr Kraft und stimulierst, dass deine Intuition leichter antworten kann.

Wie du bemerkst, leistet diese winzige kleine Drüse einiges mehr, als wir ihr zutrauen, sodass, wenn wir damit beginnen, diesen Aspekt unserer Verbindung von Geist, Körper und Seele durch regelmäßiges Training und gesunde Praktiken zu fördern, große Veränderungen stattfinden können.

Wenn du tiefer in das Thema drittes Auge und die Zirbeldrüse eintauchen möchtest, dann empfehle ich das Buch von Dieter Broers *Die Macht der Zirbeldrüse.*

»Ich kann es«-Mindset

Es ist egal, wie stark du an dir zweifelst.
Das Universum wirst du nicht aufhalten können,
Wunder durch dich geschehen zu lassen.

Wörter sind kraftvolle Energien, die ausgesprochen dein Umfeld und dein ganzes Leben verändern können. Jedes Wort, jeder Ton, den du mitteilst, hat eine Schwingung, die genau das Gleiche in dieser Welt anzieht. Die Stimme ist in ihrem Tonfall die äußere Manifestation von dem, was aus deinem

Inneren kommt. Jedes Wort ist wie ein Same, der gelegt wird: Er kann Destruktives, Abgestorbenes in dein Leben rufen oder die schönste, bunte, duftende Blume, die du dir vorstellen kannst. Es ist deine Entscheidung, mit welcher Bewusstheit du deine Worte wählst, wie du dir und deinen Mitmenschen begegnest. Wenn du ein intuitives, von deinem Spirit geleitetes Leben leben möchtest, das mit dem Flow geht und nicht dagegen, musst du liebende und kreative Töne wählen, die in einer friedvollen und harmonischen Weise ausgesprochen werden.

Dasselbe gilt für deine Gedanken. Eines Tages hatte ich ein Seelenreading mit Christina. Schon am Morgen des Reading war ich total hibbelig und in Aufbruchsstimmung, fühlte einen Kloß im Hals. Ich sah dauernd ein Bild vor mir, in dem jemand rennen wollte, aber nicht vorwärtskommt, weil er große Schmerzen im Hals hat, die ihn immer wieder zu Boden zwingen. Normalerweise nehme ich die Energie eines Klienten erst kurz vor dem Reading oder am Anfang des Reading wahr, wenn ich mich mit seiner Seele verbinde. Deshalb wusste ich nicht, wie ich es in diesem Fall zuordnen sollte. Als das Reading begann und Christina bis auf ein »Hallo« kein Wort gesagt hatte, wurden meine Aufregung und der Druck im Hals immer stärker. Ich fühlte eine enorme Löwenkraft in Christina, von der ich fasziniert war, doch der Löwenschrei wurde ständig verschluckt und gelangte nicht nach außen. Unvermittelt sagte ich ihr:

»Ich fühle, dass du in einer totalen Aufbruchsstimmung bist, sehr viel Kraft da ist, aber ich fühle auch, du kommst nicht voran. Es hängt mit deinen Worten zusammen.«

Sofort fing sie an zu weinen und erzählte mir, dass sie unbedingt ihr Leben radikal verändern wolle, weil sie spüre, dass Schluss sei mit all dem Warten und all der Aufopferung. Sie wolle jetzt komplett etwas für sich tun, ihre Kunst – sie ist leidenschaftliche Malerin – ins Außen bringen, aber jedes Mal, wenn sie etwas verändern wolle, klappe es nicht. Sie sagte, dass sie dann unfähig sei, Dinge umzusetzen. Dass sie finanziell abhängig von ihrem Freund sei und glaube, dass ihre Bilder nicht gut genug seien oder dass man als Künstlerin ja eh nichts verdiene und so weiter und so fort. Irgendwann stoppte ich sie und fragte, was wäre, wenn das alles nicht stimmen würde, was sie sagte. Wenn sie sich diese Rolle durch ihre Gedanken und Worte auferlegte, weil sie Angst habe vor der Mächtigkeit ihres eigenen Löwengebrülls und ihrer Schönheit.

Ich wollte von ihr, dass sie all das wiederholte, was sie zuvor Destruktives über sich selbst gesagt hatte, aber mit den Worten:

»Ich kann ...«, »Es ist leicht, dass ...«, »Ich bin eine großartige Künstlerin, meine Kreativität ist Ausdruck meiner Seele und berührt andere Menschen.«

Ich gab ihr die Aufgabe, in der darauffolgenden Woche intensiv zu beobachten, welche Worte sie wähle, und diese sofort umzukehren, um dann aus dieser Schwingung heraus handeln zu können.

Dann arbeiteten wir während der Sitzung weiter an verschiedenen Gedankenmustern, an ihren Potenzialen und an der Vergebung für sich und ihre Eltern. Ich merkte, wie ihre Augen zu leuchten anfingen, ihre Tränen an einem Punkt immer stärker wurden, aber diesmal als Tränen der Befreiung. Irgendwann hörte ich innerlich ein großes Löwengebrüll. Christine machte im selben Moment einen gewaltigen Seufzer, und ich fühlte, sie war in ihrer Kraft angekommen.

Ein paar Wochen später bekam ich eine Mail von ihr. Sie erzählte mir von ihrer ersten eigenen Bilder-Ausstellung und schickte mir im Anhang ein Bild von einem prächtigen Löwen, den sie gemalt hatte.

Deine Ausrichtung der Worte ist essenziell für deine Intuition, weil sie deine Schwingung in die äußere Manifestation bringt.

Wenn du Dinge sagst wie:»Ich bekomme keine Informationen. Hellsehen ist eine Gabe, die nur bestimmten Menschen zugänglich ist. Meine Intuition funktioniert nicht«, dann sendest du damit eine gewisse Energie ins Außen, du programmierst deine Programme darauf, die dann genau das Ausgesandte bewirken. Denn dein Wunsch sei dem Universum Befehl. Es wird schwierig für dich werden, Zugang zu deiner Intuition zu bekommen, und du wirst die Informationen, die du erhältst, nicht wahrnehmen.

Es sind hier Selbstdisziplin und Eigenverantwortung erforderlich.

7. Kapitel

3. Schritt:

Lasse alles los

Du wirst deiner eigenen inneren Stimme nie folgen können,
bis du die Zweifel in deinem Kopf losgelassen hast.

Dieser Schritt dauert im gesamten Programm nur einen winzigen Augenblick, aber er ist essenziell für das Empfangen deiner Antwort. Um deine Intuition empfangen zu können, ist es wichtig, so offen wie möglich zu sein. Letztendlich musst »Du« aus dem Weg gehen, und zwar mit all deinen Vorstellungen, Glaubenssätzen, deinem Weltbild und deinen Erwartungen. Dein Verstand, deine Gedanken sind laut, da du ständig mit ihnen arbeitest, ob bewusst oder unbewusst. Sie mischen sich überall ein und versuchen immer, den bequemsten oder bekanntesten Weg zu gehen. Da deine Intuition aber »leise« und ohne Druck zu dir kommt, wirst du sie, wenn du dich nicht empfangsbereit machst, nicht hören können. Oder dein Verstand mischt sich ein und übernimmt sofort nach der ersten Information deiner Intuition die Interpretation des Ganzen. Denn dein Verstand versucht immer zu zensieren oder zu übertrumpfen. Weil er Teil deines Egos ist, und das Ego fühlt sich nie klug genug. Es muss aber immer beweisen, dass es klug ist, und sendet deshalb meist falsche Botschaften. Dadurch geht die Motivation, mit seiner Intuition weiterzuarbeiten oder ihr zu vertrauen, gegen null. Deshalb ist sich neutral zu öffnen der wichtigste Schritt. Ich habe dazu immer ein tolles Bild im Kopf: das Zentrum eines Wirbelsturmes. Während des Tages sind wir ständig im Sturm unseres Außenfeldes, unseres Alltags, unserer Verpflichtungen und Erwartungen gefangen. Doch die Mitte ist ebenfalls Teil des Wirbelsturmes. Sie ist nie »nicht da«. Dort herrschen die Neutralität, die Stille, das bloße Sein und die Erwartungslosigkeit sowie das völlige Loslassen von jeglichem Druck. Wenn wir mit unserer Intuition arbeiten, müssen wir in diese Mitte gelangen, in der wir alles für einen Moment loslassen.

Das »Sich-empfangsbereit-Machen« muss nicht Minuten oder Stunden dauern, sondern funktioniert innerhalb weniger Sekunden oder sogar Hundertstelsekunden. Dennoch ist dieser Schritt für die meisten Menschen der herausforderndste. Er kann langes Training erfordern, da wir fast immer Erwartungen haben.

Wie es sich anfühlt, »empfangsbereit« zu sein

Offen zu sein ist nicht gleichzusetzen mit einem tranceähnlichen oder meditativen Zustand, in dem du deine Umgebung und Realität nicht mehr wahrnehmen kannst. Denn sonst könntest du Intuition im Alltag nie schnell anwenden.

Der Unterschied besteht darin, dass man in einer Meditation oder in Trance auf Antworten oder Botschaften wartet, bis sie irgendwann kommen. Du forcierst meistens nicht die klare Richtung deiner Antworten, sondern lässt im Allgemeinen das geschehen, was geschehen möchte. Wenn du Zeit hast, ist das eine wunderbare Möglichkeit, Nachrichten von deinem Höheren Selbst, von Engeln oder anderen geistigen Begleitern zu erhalten.

Wenn du dich jedoch in einer voll besetzten U-Bahn oder einer Geschäftskonferenz befindest, ist diese Form schwer anwendbar. »Entschuldigung, Chef, ich muss mal zehn Minuten meditieren, damit ich Ihnen eine Antwort darauf geben kann, ob wir den Vertrag abschließen sollen oder nicht.«

»Offen« sein geht daher bedeutend schneller. Es bedeutet, wie schon zuvor beschrieben, dass du in einem Zustand völliger Erwartungs- und Emotionslosigkeit, aber dennoch aufmerksam bist.

Nehmen wir einmal an, du bist in einer fremden Stadt und musst von dort aus mit dem Zug fahren. Du fragst einen Passanten auf der Straße: »Wo ist der Bahnhof?« Und genau diese Haltung, während und kurz nachdem du den Satz ausgesprochen hast, beschreibt, was es heißt, offen zu sein. Du hast keine besonderen Erwartungen oder Gefühle bei der Frage, sondern erwartest schlicht eine klare Antwort. So wie du in einer vollkommenen Neutralität im Restaurant fragst: »Wo ist die Toilette?« – zwei Beispiele, die den Zustand des Empfangsbereit-Seins und Loslassens von allem bestens beschreiben.

Deine Ausrichtung nach oben

Du wirst nie alleingelassen, wenn du
allein mit der höchsten Quelle bist.

Meine Intuition und meine Hellsinne sind rasant explodiert, als ich mich dem höheren Zweck meiner Inkarnation hingegeben habe. Früher, als ich angefangen habe, mich mit Spiritualität zu beschäftigen, war es oft mein Bestreben, weiser zu sein oder über anderen zu stehen, zu helfen, um möglichst viel Liebe und Anerkennung zu bekommen. Erst als ich diese trügerische Ausrichtung erkannt und an den Themen gearbeitet und sie losgelassen habe, ging es in den Flow. Der Weg ist, alles Äußere loszulassen, was nicht deinem wirklichen Ganzsein und Heilsein entspricht. Wir sind alle geprägt durch Konditionen, Vorstellungen, Zwänge, Glaubenssätze und Habenwollen von Dingen im Außen. Doch du bist immer heil und vollständig, und nur durch das tiefe Vertrauen, dass das alles schon da ist, wirst du zur wahren Meisterschaft gelangen. Dein Bestreben sollte sein, dich »Allem, was ist« – Gott – hinzugeben. In diesem Vertrauen ist alles möglich.

Ich habe dazu ein wirkungsvolles Mantra kreiert:

Ich öffne mich jetzt meinem höheren Ziel, diene aus meinem
Herzen dieser Welt, teile die Potenziale meiner Seele mit der
Menschheit und richte meine Gedanken, Worte und Hand-
lungen nach meinem wahrhaftigen Sein aus.

Wenn du deine Gedanken, deine Worte und dein Handeln nach diesem Satz ausrichtest, trägst du eine Welle der Freude und Liebe ins Außen. Er wird deine Schwingung erhöhen und deine Kanäle der Hellsinne aktivieren. Denn Intuition arbeitet immer ausgehend von der Liebe und dem höchsten Potenzial. Was als zusätzlicher Nebeneffekt hinzukommt, ist, dass durch das Gesetz der Resonanz all das, was du an Liebe und Gabe verschenkst, vom Universum wieder als Geschenk zu dir zurückkehrt.

Wie du loslassen kannst

Wir können am leichtesten loslassen,
wenn wir wissen, dass wir bereits alles sind.

Loslassen gelingt uns nur, wenn wir darauf vertrauen können, dass danach etwas Besseres kommt oder schon da ist. Es funktioniert, wenn wir spüren, dass wir nichts tun und nichts sein müssen, weil wir bereits vollständig sind. Es ist »Nichts«, was wir brauchen, weil wir letztendlich reiner Geist sind.

Sich diese Aspekte noch einmal ins Bewusstsein zu rufen und sich nach oben hin auszurichten, hilft dir, ins Loslassen zu kommen.

Technik, um alles loszulassen

Innerhalb des 5-Schritte-Programms kannst du das mit einem einzigen bewussten Ausatmen tun, nachdem du deine Frage gestellt hast. Im gleichen Ausatmen kannst du den Fokus haben: »Ich lasse jetzt alles los, was nicht mehr zu mir gehört.« Spüre, wie jegliches von dir abfällt, insbesondere deine

Erwartungen. Die Herz-Kamin-Atmung von Schritt 1 ist hier ebenfalls recht dienlich.

Letztendlich ist dieser Schritt, wie oben beschrieben, kurz, und deine Botschaft der Intuition kommt schon direkt, während oder am Ende des Ausatmens. Da der Atem dir nur dabei hilft, den Fokus des »Offensein« herzustellen, musst du hier keinem bestimmten Atemrhythmus folgen.

8. Kapitel
4. Schritt:
Erhalte deine Botschaft

Solange wir nicht mit einem offenen Herzen
empfangen können, können wir nie wirklich
mit einem offenen Herzen geben.

Im 4. Schritt wirst du deine Botschaften erhalten. Schon in Kapitel 3 durftest du erfahren, auf welche verschiedenen Arten Intuition zu dir kommt und wie du deine Gedanken von deiner intuitiven Botschaft unterscheiden kannst. Lies dir diesen Abschnitt am besten noch einmal durch, denn er ist entscheidend, um in dein Vertrauen zu kommen.

Auf einen wichtigen Punkt möchte ich hier dennoch abermals eingehen, denn in den Jahren meiner Arbeit mit anderen Menschen ist mir eines besonders aufgefallen: Die meisten Klienten haben während des Prozesses auf speziell eindrückliche, lange und »bedeutende« Botschaften gewartet. So intensiv, dass sie ihre Intuition dabei überhört haben. Doch Intuition kommt vor allem stückchenweise, in Form von Fragmenten, schnell aufploppend, zu dir. So, dass du es manchmal gar nicht fassen kannst.

Du glaubst, wenn du deine Frage gestellt hast und dann zum Beispiel nur »Fliege« kommt, dass das zu wenig ist, und wartest verkrampft auf deine intuitive Botschaft. Dabei ist »Fliege« schon deine intuitive Botschaft, und wenn du sie nicht verstehst, musst du den nächsten Schritt, den geheimen Zwischenschritt, anwenden.

Was ich damit sagen möchte, ist, dass du kein großes Drama von deiner Intuition erwarten und in Frustration verfallen solltest, sobald deine Botschaft »nur« eine kleine Ein- oder Zwei-Wort-Poesie ist. Keinesfalls solltest du deshalb aufgeben.

Nachdem du die Frage gestellt hast, kann es gut sein, dass du nur einen kleinen Teil der Antwort bekommst. Unter Umständen nimmst du sogar nur ein Wort, ein Gefühl, einen Ton oder eine Farbe wahr. Du wirst erst einmal nichts damit anfangen können, weil es dir noch keine konkrete Botschaft gibt. Wichtig ist es dann, sich nicht über das, was man erhält, zu erschrecken oder gar verzweifelt zu sein.

Der vierte Schritt in der Technik heißt, diese »Intuitions-Pop-ups« anzunehmen. Wenn du Fragmente sammelst, werden sie ein größeres Bild und eine größere Bedeutung bilden, die dann für dich sichtbar sein wird.

Und noch einmal: Gib nicht bei dieser ersten kryptischen Nachricht oder dem ersten »Fragment«, das du erhältst, auf. Denke daran, dass du nicht immer wissen wirst, was deine Intuition dir sagen wird, weil es meistens fernab von deinen gedanklichen Vorstellungen liegt. Sprich es erst mal aus, oder halte es wie auch immer anders fest.

Sei dir bewusst, dass in diesem Schritt die Antwort zu dir kommt und dass deine Aufgabe darin besteht, sie anzunehmen, nachdem du herausgefiltert hast, ob es eine intuitive

Botschaft ist oder eine Botschaft deiner Gedanken oder deines Verstandes.

Deine Antwort annehmen

Egal, was du erhältst, du solltest das, was du bekommst, annehmen. Womit wir zu einem ganz wesentlichen kollektiven Problem kommen, das vor allem bei spirituell interessierten Menschen verbreitet ist: nicht annehmen können. Wie reagierst du oder hast du reagiert, wenn dir jemand ein Kompliment macht? »Deine Haare sind schön.« Hast du eventuell geantwortet: »Ja, weil sie frisch gewaschen sind«, oder: »Ich finde das gar nicht«, oder: »Deine sind auch schön«? Anstatt schlicht das Kompliment anzunehmen, ohne Rechtfertigung und »Danke« zu sagen, und Punkt?

Ich hatte früher selbst große Probleme damit, Komplimente, die mit meinem Aussehen zu tun hatten, anzunehmen. Das lag daran, dass ich mich in meinem Körper nicht wohlfühlte. Jedes Kompliment war für mich wie ein Hohn meines Gegenübers, ich sah es als Scherz an und tat es ab. Durch jedes Kompliment wurde ich mit einer tief liegenden Verletzung konfrontiert, und um das nicht fühlen zu müssen, nahm ich es nicht an. Ich empfand mich als nicht wertvoll genug. Irgendwann war der Druck so heftig und begann körperliche Auswirkungen zu zeigen, damit ich mir den darunter liegenden Schmerz ansehen musste.

Bezogen auf deine Intuition bedeutet dies, dass du das Fragment oder die Botschaft, die du empfängst, zulassen sollst und sie nicht etwa ignorierst, weil sie dir nicht gefällt, weil sie einen wunden Punkt in dir anspricht oder weil du dich nicht wertvoll genug fühlst. Du bist es würdig und wert, Botschaften von der höchsten Quelle zu bekommen, da du als gesegnetes Kind Gottes Teil davon bist. Vielleicht hilft es dir, noch einmal deine Grundeinstellung für das Annehmen intuitiver Botschaften zu überprüfen. Bist du tatsächlich daran interessiert, der Welt aus deinem Herzen heraus einen Mehrwert zu geben? Und mit Mehrwert meine ich, dass du deine Potenziale zur Verfügung stellst. Oder dein Licht leuchten lässt, weil du aus deinem Herzen heraus lebst und deine eigene innere Entwicklung vorantreibst, um so das Licht bei anderen zu entfachen.

Die Grundmotivation sollte niemals die sein, dich erhabener als andere zu fühlen, weil du Dinge wahrnehmen oder voraussagen kannst. Denn das würde nur aus einem Mangel an Anerkennung und Aufmerksamkeit heraus entstehen. Deine intuitiven Fähigkeiten würden sich unter diesem Fokus nicht groß entfalten können.

Annehmen-Können lässt sich erlernen

Ich möchte dir hier eine Übung verraten, die zu meiner Morgenroutine gehört, die ich seit rund fünf Jahren jeden Tag durchführe.

Sie bewirkt, dass du die Fülle des Lebens besser annehmen kannst: alle Möglichkeiten und Geschenke und natürlich auch die Antwort deiner Intuition.

Übung: Annehmen

Stelle dich vor einen Spiegel. Es reicht der Badezimmerspiegel, noch besser ist ein großer Wandspiegel. Ich mache diese Übung immer vor oder nach dem Zähneputzen im Bad. Schau dir durch den Spiegel in die Augen. Öffne deine Arme links und rechts vom Körper, so als wolltest du jemanden in die Arme schließen. Dann wiederhole dreimal laut folgenden Satz:
»Ich darf die Geschenke des Lebens jetzt annehmen.«

Du wirst merken, welch große Kraft hinter diesem Satz steckt. Wahrscheinlich wirst du von Mal zu Mal immer stärker fühlen, wie sich die Stelle in der Mitte deiner Brust, dein Herzbereich, weitet und du vorne »offen« bist. Es zeigt dir, dass dein Herz bereit ist, Liebe zu verschenken und Liebe anzunehmen. Dies ist ein himmlischer Nebeneffekt dieser Übung.

Wie du bemerkt hast, bedeutet all das, dich mit deiner Intuition zu beschäftigen. Nicht nur, sie stur zu trainieren, sondern die eigene Bereitschaft zu haben, dich für einen großen eigenen Entwicklungsprozess, die Transformation, zu öffnen. Weil du dein unbewusstes, egoistisches, narzisstisches oder auf der anderen Seite »nicht selbstbewusstes«, »nicht eigenverantwortliches« und »deine eigene Größe verleugnendes« Leben nicht führen kannst, während du gleichzeitig mit deiner Intuition arbeitest. Das passt nicht zusammen und funktioniert auch nicht. Seine Intuition einzusetzen bedeutet immer gleichzeitig, sich persönlich zu entwickeln.

Von wem die Antwort kommt, die du erhältst

Du wirst dir sicher schon die Frage gestellt haben: »Von wem oder was kommt denn die intuitive Botschaft, die ich erhalte?«, oder: »Kann ich beeinflussen, von wem sie kommt?« Ja, das kannst du. Du hast verschiedene Möglichkeiten, wohin du deine Intention setzt, an wen du sie adressierst.

Wenn du dich auf dein Höheres Selbst ausrichtest, wird die Antwort immer von deiner höchsten göttlichen Quelle kommen, von deinem Gottesbewusstsein.

Deshalb ist dieser Schritt des Programms, deine Intention an Gott beziehungsweise an Alles-was-ist, die All-Quelle, All-Fülle, All-Liebe, so wichtig. Die Nachricht kommt von deinem Höheren Selbst, das immer in Anbindung zu dem großen Gottesgeist steht, der uns alle miteinander verbindet. Und weil eben diese Verknüpfung einfach da ist, sind alle Informationen auch jederzeit abrufbar.

Dieser allumfassende Geist »weiß«, was dein höchstes Ziel ist, das Selbst hier auf dieser Erde wiederzufinden und in die Manifestation zu bringen. Das ist, in meiner Wahrnehmung, die Lebensaufgabe von jedem Einzelnen. Ich habe dazu ein Zitat verfasst:

*Unsere **Lebensaufgabe** erfüllen heißt, sich zu erinnern, wer wir sind, und mit dieser Erkenntnis tief zu lieben, zu vergeben und sich der Welt zu schenken.*

Du kannst deine Fragen auch direkt an andere Wesenheiten richten und durch sie Antworten erhalten. Dazu machen wir jetzt einen kleinen Ausflug ins »Hui-bui«, wie es manche Menschen nennen. Wenn du daran kein Interesse hast, kannst du diesen Abschnitt ruhig überspringen.

Medialität

Für alle, die es jedoch interessiert, mit anderen Wesen in Kontakt zu treten, möchte ich hier kurz auf das Thema Medialität eingehen, das Übermitteln von Informationen aus der geistigen Welt. Das Medium dient dabei als Übertragungskanal und arbeitet mit dortigen Wesenheiten und Energien wie Engeln, Geistführern, Krafttieren, aufgestiegenen Meistern, Verstorbenen bei Jenseitskontakten oder anderen Wesen, stets abhängig vom jeweiligen kulturellen Hintergrund.

Letztendlich sind wir alle jederzeit Medien, da wir ständig bewusst oder unbewusst Energien in unserem täglichen Leben durch uns wirken lassen. Sei es die Energie vom laufenden Fernseher, von dem weinenden Kind auf der Straße oder vom lauten Streit der Nachbarn, um nur wenige Beispiele zu nennen.

Du kannst auch andere Wesenheiten und Energien miteinbeziehen, sie als Zwischenkommunikator einschalten und dadurch eine andere Perspektive auf deine Frage erhalten. Dies kann sicherlich hilfreich sein, wenn du Fragen hast, die mit anderen Dimensionen zu tun haben oder mit dem allgemeinen Weltgeschehen.

Vielleicht möchtest du mit jemandem, den du verloren hast, in Kontakt treten, der Seele eines Verstorbenen. All diese Energien und Informationen sind im großen Geist vorhanden, da sie mit ihm verbunden sind.

Für viele Menschen kann es aber trotzdem hilfreich sein,

einen Zwischenkommunikator zu haben, dem sie ein konkretes Aussehen und einen Namen geben können, um leichter die Fragen an »jemanden« zu adressieren und die Botschaften leichter annehmen zu können. Probiere es aus, wenn du Resonanz verspürst.

Du kannst deine Frage beispielsweise direkt an deinen Schutzengel richten und mit dem 5-Schritte-Programm Kontakt zu ihm aufnehmen.

Deine Intention geht dann direkt dorthin oder an jede andere Wesenheit, die du möchtest. Du wirst sicher beeindruckende Botschaften erhalten.

Überprüfe aber wieder die Antworten, die du bekommst, ob sie dieselben Eigenschaften wie deine Intuition besitzen. Unsere Gedanken können fantastische Dinge und Wunschvorstellungen hervorbringen.

Ich arbeite schon lange mit meinen Klienten, genau wie im Privaten, immer mit der höchsten Instanz und der höchsten Quelle. Für mich ist das die Gott- und die Christus-Energie. Denn da habe ich das Gefühl, die klarsten und reinsten Botschaften zu erhalten. Trotzdem fühle ich, dass es viele weitere göttliche Wesenheiten und Energien um uns herum gibt, die uns führen, leiten und beschützen, und dafür bin ich dankbar.

Musst du dich schützen?

Die Frage, ob man sich schützen muss oder nicht, wurde mir schon oft gestellt, und ich war stets überrascht darüber, weil es niemals in meinem Fokus war. Es gab mir aber den Impuls, in diese Thematik tiefer einzutauchen, und brachte mich zu folgendem Fazit: Ich halte nach wie vor nichts von Schutz. Denn wovor sollte ich mich schützen? Dagegen halte ich sehr wohl etwas vom täglichen, bewussten »In-die-Anbindung«-Kommen.

Wenn du denkst, du müsstest dich schützen, verursachst du Angriffe, und umso häufiger wirst du angegriffen. Und je größer dein Schutz ist, desto stärker werden die Angriffe ausfallen. Denn deine Schutzbemühungen sind ein energetischer Angriff, auf den du entsprechende Reaktionen erhältst.

Um die Erkenntnis, dass es negative und böswillige Energien da draußen gibt – Dämonen, zerstörerische Wesenheiten und destruktive Seelen –, kommen wir nicht herum. Wenn du jedoch ein Teil der Quelle bist, der höchsten Kraft des Universums, warum solltest du dich dann vor ihnen oder wem auch immer schützen müssen? Schutz beruht ja immer darauf, dass du dich als Opfer fühlst und in irgendeiner Weise dein wahres Sein nicht anerkennst. Dann ist der zerstörerische Anteil, die negative Lebenseinstellung in dir vorhanden und wird dir in energetischer Form oder im Außen widergespiegelt.

Wer in der Haltung des Opfers durch die Welt geht, findet überall einen Täter. Und meistens dann immer wieder in derselben Situation, sodass er sich dann entsprechend selbst zustimmen kann: »Ich hab es doch gesagt. Das ist mir doch schon so oft passiert.«

Dann wirst du noch misstrauischer und noch vorsichtiger, schützt dich noch mehr und wirst doch dasselbe in irgendeiner Art und Weise wieder erleben. So lange, bis du das Muster erkannt hast.

Wenn du dich allerdings als Teil der All-Quelle ansiehst, in deiner Schönheit, deiner Kraft, deiner Vision und deiner

Liebe, dann wird kein Wesen, keine Energie, kein Täter es bei dir schaffen können, und das Muster wird durchbrochen. Es hört von einem Moment zum anderen auf.

Möglicherweise wird es versuchen, weiter durchzukommen, deine Anbindung an die Quelle auf die Probe stellen wollen, und wirst du diese Energie mit weit geöffneten Armen in Empfang nehmen und zur Liebe schicken können. Es wird geblendet und machtlos sein und sein Interesse, böse sein zu wollen, verlieren, weil es ihm nichts bringt.

Meine Tochter fürchtete sich eine Zeit lang, zur Toilette zu gehen, weil sie dort Monster sah. Sie weinte und sagte, sie habe Angst. Was viele Eltern fälschlicherweise dann entgegnen, ist: »Du brauchst keine Angst zu haben.« Doch diese Aussage führt leider ins Gegenteil, da sie dadurch den Grund, den Mangel, die Verletzung und die schwierige Erfahrung, warum diese Angst da ist, zudecken und nicht lösen. Ein Kind wird das dann in irgendeiner Art und Weise in das Erwachsenenalter mitnehmen. Denn Angst zeigt uns immer einen inneren Konflikt auf, nicht das anzuerkennen, was wir sind.

Deshalb sagten wir in dieser Situation zu unserer Tochter: »Es ist in Ordnung. Du darfst Angst haben. Nimm die Monster mit deiner Angst doch einfach liebevoll in den Arm, und sage ihnen klar, dass das jetzt dein Klo ist.«

Von Tag zu Tag wurde sie mutiger, bis sie schließlich zu mir kam und sagte: »Nachdem ich die Monster mehrmals umarmt habe, sind sie nun weitergezogen.«

Stelle die Wahrnehmung deiner Kinder nicht infrage, indem du sagst: »Es gibt keine Monster«, oder »Da ist doch nichts«. Denn dadurch nimmst du ihnen das Vertrauen in ihre Sinne.

Wenn du jetzt sagst, schön und gut, aber im Alltag sind wir nicht immer in der Heiligkeit und in unserer Anbindung, dann sage ich dir:»Ja, das stimmt. Dafür bist du aber selbst verantwortlich. Es ist deine Aufgabe, wie Zähneputzen oder Wasser trinken, dich jeden Tag mehrmals an das, was du bist, zu erinnern.«

Ich sage aber auch, wenn du es nicht tust und schmerzhafte Erfahrungen machst, dann ist das ebenfalls okay, weil du diese Erfahrung machen möchtest. Trotzdem solltest du aber den Fokus haben und deinen größten Anspruch in die Beantwortung der Frage legen:»Wo soll es hingehen?« Da gibt es kein Ausruhen oder weiterhin in der Bequemlichkeit Verharren, wenn du aus gewissen Mustern ausbrechen möchtest.

Alles Leid, was du erlebst, ist immer nur eine Botschaft: Da läuft etwas falsch. Du erkennst Gott, die Quelle, in dir nicht an. Und das Problem möchte dir zeigen, dass du das tun sollst. Das Universum möchte dich nicht ärgern. Du kannst jederzeit aussteigen und die Quelle annehmen, aber damit ist ein Opfer oftmals überfordert.

Wie du in die bewusste göttliche Anbindung kommst

Ich verrate dir hier eine Übung, die ich selbst jeden Tag mehrmals mache, um in die bewusste Anbindung zu gehen. Wenn du sie öfter durchgeführt hast, ist sie in zehn Sekunden erledigt. Ich schließe dazu gar nicht mehr meine Augen.

Lass dir beim ersten Mal aber ruhig länger Zeit damit.

Übung: Bewusste Anbindung

Schließe deine Augen, stelle dir vor, wie mit jedem Atemzug ein Licht in deinem Herzzentrum – in der Mitte deiner Brust – immer stärker und stärker wird. Stelle dir vor, dass dieses Licht sich in deinem Brustkorb ausdehnt und nach hinten zu deiner Wirbelsäule ausstrahlt. Vergegenwärtige dir, wie das Licht, ähnlich einer Lichtsäule, die Wirbelsäule hinabströmt, hinein in deinen unteren Rücken und durch beide Beine hinunter bis zu deinen Füßen. Stelle dir weiterhin vor, dass aus beiden Füßen Lichtwurzeln in den Boden schlagen, bis tief hinein in die Erde. Lass sie sich dort verankern. Dann stelle dir vor, wie die Lichtsäule über deinen Oberkörper wieder hinaufstrahlt, in deinen Hals, hinein in deinen Kopf, bis zum Scheitel. Von wo aus sie immer weiter hinaufströmt, um sich oben mit der All-Quelle, der All-Fülle zu verbinden. Spüre jetzt die Anbindung, die Kraft, die Aufrichtung, die Liebe und wie sie dich durchströmt. Dann öffne deine Augen wieder. Atme einmal tief ein und aus, und spüre den Unterschied zu dem, was du nun durch deine Augen erblickst und wahrnimmst.

Mache diese Übung tagsüber, sooft du möchtest.

9. Kapitel
Der geheime Zwischenschritt –
Die Wiederholung

Manchmal ist das erneute Fragen das
aussagekräftigste Beispiel für Eigenverantwortung.

Ein starker Mensch ist derjenige, der um Hilfe bittet, wenn er sie braucht.

Du wirst dich vielleicht fragen, warum es einen geheimen Zwischenschritt gibt und weshalb er so heißt. Ich habe ihn so genannt, weil er der wichtigste Schritt ist, um eine klare, brauchbare Botschaft zu erhalten, und er deshalb nicht vergessen werden sollte. Meine Erfahrung mit Klienten hat gezeigt, dass dieser Punkt meistens nicht bekannt ist und er, selbst wenn ich ihn erklärt habe, trotzdem im Prozess immer wieder nicht angewendet wurde, weil er schlicht vergessen wurde. Seit ich ihn aber den »geheimen Schritt« genannt habe, wurde er fast immer eingebaut, weil man ihn sich so besser merken konnte.

Wenn du eine erste Antwort oder vielleicht sogar mehrere einzelne Fragmente bekommen hast, kannst du meistens nicht so viel damit anfangen. Du möchtest Klarheit haben und Vertiefung. Es kann sein, dass sich aus deiner Antwort erneut Fragen ergeben. Wenn du bisher nicht bewusst mit deiner Intuition gearbeitet hast, war es vermutlich so, dass du dich mit der Botschaft, die kam, zufriedengegeben hast. Du hast sie angenommen, warst womöglich verwirrt und hast dann deine Antworten interpretiert. Das heißt, du bist ins Nachdenken gekommen und hast dir daraus deine Botschaft zusammengereimt. Diese war möglicherweise falsch oder einfach kein guter Weg, und daraufhin hast du den Rückschluss gezogen: Meine Intuition funktioniert nicht.

Dabei hat bloß dieser geheime Zwischenschritt gefehlt – der wichtigste Punkt, um von deinem Höheren Selbst brauchbare Botschaften zu erhalten. Mit klaren Details, sodass du oder derjenige, dem du sie weiterleitest, genau weiß, was zu tun ist.

Dieser geheime Zwischenschritt lautet:
Frage zunächst nach, und wiederhole dann Schritt 2 bis 4 so lange, bis du eine klare Antwort hast.

Die Qualität deiner intuitiven Botschaft

Vielleicht hast du ein Fragment oder mehrere erhalten, aber du bist verwirrt und weißt nicht, was du damit anfangen kannst. Du denkst dir: Ich habe es nicht richtig gemacht. Und ich sage dir: Doch, du hast es richtig gemacht. Erinnere dich: Intuition kommt mit einer eigenen Sprache zu uns – mit einzelnen Bildern und Worten, einem Ton, einem Zeichen. All das sind Dinge, die wir aufnehmen und wie Puzzleteile zusammensetzen dürfen, um damit unser großes Bild zu kreieren.

Wir sind in unserem Alltag fokussiert darauf, alles der Reihe nach zu machen. Wir setzen Buchstaben an Buchstaben, erzählen eine Geschichte vom Anfang bis zum Ende und haben verschiedene Routinen am Morgen, die wir meistens starr Schritt für Schritt einhalten. Aber Intuition funktioniert anders. Intuition kennt keinen Ablauf und keinen rationalen Plan. Sie kommt holistisch, das heißt ganzheitlich, zu uns.

Wenn eine Antwort beispielsweise aus acht Teilen besteht, dann kommuniziert Intuition so, dass wir zunächst Teil 3, dann Teil 7, danach Teil 1, Teil 4 und so weiter bekommen. Warum ist das so? Weil Intuition von unserem Höheren Selbst kommt und dort kein Raum und keine Zeit existieren, in denen irgendein Ablauf geschaffen werden muss. Alles passiert zur selben Zeit, wird als Ganzes gesehen. Jedes Element enthält das gesamte Universum.

Unsere Routine beim Schreiben oder bei jeglichem anderen Ablauf ist auf das Raum-Zeit-Konstrukt aufgebaut. Intuition funktioniert wie der Künstler, der sein Gemälde malt. Er fängt nicht links oben an und malt dann nach rechts unten, sondern sieht das Kunstwerk als Ganzes vor sich – holistisch: Er bringt das auf die Leinwand, wovon er in diesem Moment am meisten inspiriert ist. Wenn du das Bild vor seiner Fertigstellung siehst, wirst du womöglich keine Ahnung haben, was es einmal werden soll. Erst wenn viele Bereiche in dem Gemälde schon vorhanden sind, wirst du das Kunstwerk spüren und zum Teil sogar erkennen können. Genauso arbeitet Intuition. Jegliches Fragment ist ein Teil des Bildes. Doch um die Antwort – das Kunstwerk – erfassen zu können, brauchen wir mehrere Teile.

Wie du präzise Antworten erhältst

Um diesen Schritt praktisch durchzuführen, wiederholst du Schritt 2 – das Fragen, Schritt 3 – das Loslassen und Schritt 4 – das Empfangen so oft und so lange, bis du für deine Ausgangsfrage eine Antwort erhalten hast, mit der du etwas anfangen kannst.

Nehmen wir einmal an, du hast die Ausgangsfrage gestellt, was deine Seelenberufung ist, und einen Baum als Antwort erhalten. Dann kannst du eine der folgenden Fragen stellen.

> »Was bedeutet Baum in Bezug auf meine Seelenberufung?«
> »Intuition, was möchtest du mir mit Baum sagen?«
> »Was bedeutet Baum für mein höchstes Wohl?«

Danach lässt du alle Erwartungen wieder los. Vor allem jetzt, wo du womöglich schon ins Grübeln kommst und dein Verstand sich einschaltet, was denn dieser Baum bedeuten könnte. Lass alle Erwartungen los, und atme tief ein und aus. Dann empfange die Botschaft, was »Baum« im Hinblick auf deine Seelenberufung zu bedeuten hat. Vielleicht wirst du das Bild von einer Hand, die einen Buntstift hält, bekommen und zusätzlich eine innerliche Wärme verspüren. Dein rationaler Verstand könnte daraus schließen: Du sollst Bäume malen. Doch letztendlich hast du damit noch immer nicht die Klarheit deiner Intuition. Du hast einzig Baum, Hand mit Buntstift, Wärme. Also wiederholst du diesen Schritt noch einmal so lange, bis du das fehlende Fragment hast, das dir Klarheit verschafft und kein Grübeln mehr nötig macht.

Hilfreich ist es in jedem Fall, die einzelnen Fragmente

laut auszusprechen, wenn du sie erhältst, denn so gibst du ihnen Raum in der äußeren Manifestation. Unter Umständen kommt als nächstes Element ein Mensch, der dir gegenübersitzt und dir zuhört und bei dem du innerlich fühlen kannst, wie er sich freut. Dann spürst du als Nächstes Heilung und siehst im darauffolgenden Schritt weitere Pflanzen. Und plötzlich ist dir klar: Du sollst mit der Kraft der Natur, mit den Bäumen und anderen Pflanzen heilerisch tätig sein und anderen Menschen Freude bringen.

Wenn du spürst, du hast die Botschaft erfasst, kannst du noch mal nachfragen und eines deiner Ja-Nein-Tools verwenden, die ich dir im Übungskapitel vorstellen werde. Meistens wirst du aber innerlich klar intuitiv fühlen, dass die Antwort stimmt – oder eben nicht.

Du könntest um sicherzugehen noch einmal nachfragen:
»Soll ich heilerisch mit Pflanzen arbeiten?«
Du könntest weiter nachhaken:
»Wie genau sieht meine heilerische Arbeit aus?«

Manchmal, vor allem wenn du lebensentscheidende Fragen an deine Intuition stellst, kann es länger dauern, bis du eine klare Antwort erhältst. Ein andermal, bei unbedeutenden Fragen vielleicht, wird dir womöglich mit dem ersten oder zweiten Fragment klar sein, wie die Antwort lautet.

Auch wenn du Ja-/Nein-Fragen stellst und du eine entsprechende Ja-/Nein-Antwort erhältst, solltest du dennoch am Anfang deines intuitiven Übungsprozesses immer noch einmal nachfragen, um mehr Vertrauen in dich zu bekommen.

Was zu tun ist, wenn du zwei unterschiedliche Antworten erhältst

Wenn du etwas gefragt hast und einmal ein »Ja« und beim zweiten Nachfragen ein »Nein« erhältst, liegt das daran, dass du bei einem der beiden Male nicht im Fokus deiner Intuition warst und dein Verstand geantwortet hat. Meistens ist es das zweite Mal, aber bitte verlasse dich nicht darauf, und frage lieber ein weiteres Mal nach. Wenn du sehr verunsichert bist, machst du das am besten mit der blinden Zettelaufstellung, die du im Übungskapitel bei den Ja/-Nein-Fragen findest. Komme zurück in die Erwartungslosigkeit, löse dich von allen vorherigen Antworten, und mache einen Neustart mit dieser Frage.

Wenn du etwas gefragt hast, was keine Ja- oder Nein-Antwort erbrachte, und du zwei oder mehrere verschiedene Antworten erhalten hast, die scheinbar unterschiedlich sind, gibt es zwei Möglichkeiten, wie du weiter vorgehen kannst:

Überprüfe, ob die beiden Antworten scheinbar nur von deinem Verstand her nicht zusammen funktionieren oder ob von der Perspektive deines Höheren Selbst her beides doch in Zusammenhang steht.

Dann kannst du fragen: »Wie passen X und Y in Hinblick auf meine Frage zusammen?« Oder: »Intuition, was bedeutet X und Y?«, »Was bedeutet X für mein höchstes Wohl?« Und als nächste Frage: »Was bedeutet Y für mein höchstes Wohl?«

Du wirst darauf eine klare Botschaft erhalten.

Alternativ kannst du überprüfen, ob du nach der ersten Antwort, die du erhalten hast, einen Widerstand gespürt hast. Weil es möglicherweise nicht die Antwort war, die du erwartet hast, und du deshalb unbewusst die zweite aus deinem Verstand heraus kreiert hast. Vielleicht weil du sie lieber mochtest, da sie dich nicht ängstigt oder aus deiner Bequemlichkeit bringt. Sei ehrlich mit dir selbst. Mache dann auch hier am besten eine blinde Zettelaufstellung mit beiden Antwortmöglichkeiten. Diese findest du, wie gesagt, im Übungskapitel.

10. Kapitel
5. Schritt:
Bedanke dich und setze um

Die Leute mögen zweifeln, was du wahrnimmst
und sagst, aber sie werden glauben, was du tust.

Unbekannter Verfasser

Dankbarkeit führt dich zu Größe, denn was immer du schätzt und wofür du dankst, wird in deinem Leben stärker werden. Sie kann dein Glück und deine Intuition enorm steigern. Wenn du mehr Glück, mehr Liebe von anderen spüren, mehr Optimismus über die Welt und mehr Intuition für dich selbst willst, musst du nur dankbar sein. Die Wissenschaft hat gezeigt, dass man diese Lebensverbesserungen in nur ein bis zwei Wochen durch Dankbarkeitsübungen erleben kann.

Indem du das Gesetz der Dankbarkeit nutzt, glaubst du fest daran, dass das Universum oder Gott, je nachdem, wie du es siehst, da ist, um dir zu geben, was du willst, wenn du darum bittest. Vor allem, dass du es wert bist und verdienst, was du bekommst.

Wenn ich in meinem Umfeld oder mit meinen Seminarteilnehmern über das Thema Dankbarkeit spreche, erhalte ich oft eine »Ja, ja, ich weiß ...«-Antwort. Die Wahrheit ist aber, dass es die meisten von uns nicht wissen – weil wir vergesslich sind. In der Eile unseres geschäftigen Lebens vernachlässigen wir viele der grundlegenden Gesetze der Dankbarkeit und verpassen so ihre positiven Auswirkungen.

Es besteht kein Zweifel, dass man das bekommt, wonach man verlangt, und dass man es auch im Überfluss bekommt. Indem du Dankbarkeit zeigst, gibst du zu erkennen, wohin die Energie fließen soll, und du wirst mehr von dem erhalten, was du dir wünschst.

Wenn ein Mensch Fülle erlebt, aber keine Dankbarkeit zeigt, wird er sie verlieren, denn er sagt dem Universum, dass er es nicht verdient. Und wenn das Universum dies wahrnimmt, hört es auf zu liefern.

Andererseits gilt, dass, wenn es einer Person an Fülle mangelt, sie aber Dankbarkeit für das zeigt, was sie hat, das Universum dies anerkennt. Es wird der Person mehr von dem geben, was sie sich wünscht, und sie wird nicht mehr lange im Mangel sein. Wenn es hingegen einem Menschen an Fülle mangelt und er keine Dankbarkeit für das zeigt, was er hat, wird er weiterhin im Mangel leben, da er nicht gezeigt hat, dass er mehr verdient.

Wir sind, wenn wir Dankbarkeit zeigen, Gott oder dem Universum näher als jeder andere. Und wir erhalten die Belohnung dafür. Je dankbarer wir für die guten Dinge sind, die wir bekommen, desto mehr davon werden wir erhalten. Und in einigen Fällen sogar schneller als bisher. Wenn du neue Gedanken erschaffst und in Harmonie damit handelst, indem du Dankbarkeit demonstrierst, wirst du umso näher dran sein, das zu bekommen, woran du gedacht oder wonach du gefragt hast.

Dankbarkeit und Intuition

Dankbarkeit gibt unserer Vergangenheit Sinn,
bringt Frieden für heute und schafft eine Vision für morgen.

Melody Beattie

Dankbarkeit schließt das ganze Intuitionsprogramm ab, indem du anerkennst und wertschätzt, dass du einen heiligen Moment erlebt hast, um die Stimme deiner höheren Quelle zu empfangen. Auch wenn Intuition unsere Grundausstattung darstellt – als geistige Wesen im menschlichen Körper –, dürfen wir diesen Akt dennoch nicht als selbstverständlich ansehen. Je mehr du in einem Zustand der Dankbarkeit für deine Intuition bist, desto stärker und intensiver wird sie zu dir kommen.

Das Gefühl, dankbar zu sein, öffnet dich für die Welt, in der du weniger Angst und Sorgen hast. Diese Offenheit und das positive Wesen sind Merkmale deiner intuitiven Seite. Du wirst dich mehr mit ihr verbinden, indem du auf diese Eigenschaften achtest und sie erlebst. Deine intuitive Seite wird stärker werden, wenn du offen und positiv bist. Wenn du dankbar bist, wirst du feststellen, dass du weniger kritisch gegenüber dir selbst und anderen bist, was ein zusätzlicher Power-Booster für deine Intuition ist. Wenn du dir weniger Sorgen machst, wirst du entspannter, widerstandsfähiger und offener für das Unerwartete, und das ermöglicht es dir, deine Intuition klarer zu hören und zu fühlen.

Vor allem solltest du dankbar sein, wenn deine Intuition richtig war und du ihr gefolgt bist. Wenn du ihr nicht gefolgt bist, sei dennoch dankbar für die Botschaft, die du bekommen hast.

Wenn deine Dankbarkeit kraftvoll ist, werden die Ergebnisse, die auf dich zurückkommen, ebenfalls kraftvoll sein.

Das Gesetz der Dankbarkeit kann als ein natürliches Prinzip festgehalten werden, in dem Aktion und Reaktion immer gleich und entgegengesetzt in ihrer Richtung sind. Alles, worauf du deine Aufmerksamkeit oder deine emotionale Energie richtest, kann sowohl gut als auch schlecht sein. Und diese Energie, die du aussendest, wird sich in deinem Leben zeigen. Dies ist eines der wichtigen Prinzipien, die du kennen und verstehen musst. Weder das Universum noch unser Unterbewusstsein wissen Gutes oder Schlechtes. Beide Aspekte werden gleich behandelt. In diesem Zusammenhang legst du deinen Fokus auf das, was du zurückbekommst.

Die Essenz des Ganzen liegt darin, positive Energie in das Universum zu bringen. Auf diese Weise konzentrierst du dich auf das, was du willst, und nicht auf das, was du nicht willst. Du wirst das vielleicht nicht erkennen, aber Dankbarkeit ist sehr mächtig. Sie hat eine Menge hochenergetischer positiver Gedankenschwingungen. Deshalb habe ich oben erwähnt, dass Dankbarkeit dich mit dem Universum oder Gott verbindet.

Es gibt eine treffende Definition des Gesetzes der Dankbarkeit, die besagt:»Wenn du die Ergebnisse erzielen willst, die du suchst, ist es zwingend erforderlich, dass du nach diesem Gesetz handelst und ihm gehorchst.« Genauso verhält es sich mit Dankbarkeit und Intuition.

Wenn wir zum Beispiel Dankbarkeit für unsere intuitiven Botschaften zeigen, produzieren wir hochenergetische positive Gedankenschwingungen. Diese hohe Energie kann nur zu einer Manifestation führen – und zu noch größeren Fortschritten in der Arbeit mit deiner Intuition.

Wir wissen, dass es eine Schwingung ist, in einem Zustand der Dankbarkeit zu sein. Du kannst es fühlen. Und du spürst es, wenn jemand anderes, um den du dich kümmerst, in einem Zustand der Dankbarkeit ist. Es fühlt sich anders an als in der Nähe von jemandem zu sein, der wütend ist, selbst wenn sein Zorn nicht auf uns gerichtet ist und nichts mit uns zu tun hat.

Wir können ganz selbstverständlich damit beginnen, »Danke« zu sagen. Aber es sind mehr als nur die Worte. Es ist das, was ich eine positive, lebensbejahende, visionsartige, demütige Lebenseinstellung nenne, gegenüber allem, was ist.

Ich bedanke mich nach jeder intuitiven Botschaft oder nach jedem Reading bei der höchsten Quelle mit den Worten: »Danke für die Inspiration und Intuition.«

»Danke, dass ich damit wieder ein Stück mehr Wahrheit, Heilung und Authentizität in die Welt bringen darf.«

Wenn proaktive Dankbarkeit eine Zeit lang praktiziert wird, verschiebt sich unsere Energie ausreichend in eine ähnliche Schwingungsfrequenz, in der sich die Intuition befindet. Kaum, dass wir uns auf der gleichen Schwingungsfrequenz befinden, sind wir plötzlich auch empfänglicher für die intuitiven Einfälle und die innere Führung.

Ehre deinen Spirit

Du bist Spirit, nichts anderes bist du.

Als ich mit meiner medialen und intuitiven Schulung angefangen habe, wurde ich von einem erfahrenen Medium zu einem medialen Zirkel, einer Übungsgruppe zum regelmäßigen Trainieren der Intuition und Medialität, eingeladen. Bei meinem ersten Besuch dort wunderte ich mich, als ich den Raum betrat, denn alle waren ziemlich schick angezogen. Der Zirkelleiter hatte ein fesches Hemd an, die anderen drei Teilnehmerinnen trugen Kleider und waren regelrecht herausgeputzt. Ich kam damals in Jeans und einem Schlabberpullover. Wir machten unsere intuitiven, medialen Übungen, doch die ganze Zeit über fühlte ich mich nicht passend in meiner Kleidung, ohne dass ich etwas dazu sagen wollte.

Nachdem wir den Zirkel beendet hatten und am Tisch saßen, fragte ich, ob es denn etwas zu feiern gäbe, weil alle so schick angezogen seien. Die Antwort des Zirkelleiters erstaunte mich:»Ja, es gibt was zu feiern, unsere Zusammenkunft mit der geistigen Welt und die Achtung, die Demut vor dem, was wir sind und was durch uns wirkt.«

Seine Antwort brachte mich zum Nachdenken und zu intensiven Überlegungen hinsichtlich spiritueller Menschen und ihren oftmals nicht als wichtig erachteten Themen, wie Kleidung, Körper und generelles Auftreten.

Ich erkannte, dass Demut nichts damit zu tun, ob wir devot oder unterwürfig sind, sondern damit, dass wir mit Dankbarkeit erkennen sollen, wer wir sind, woher wir kommen und wer uns tagtäglich unterstützt, ob wir es bewusst wahrnehmen oder nicht.

Jede Übungsgruppe oder letztendlich unser ganzer Alltag ist ein bewusstes Sich-bereit-Machen für die Gesellschaft von»Spirit«. Aber darauf komme ich später noch einmal in dem Kapitel zurück, das sich mit der Gründung eines eigenen Übungszirkels beschäftigt.

Es bedeutet nicht, dass du als Mann immer im Anzug oder als Frau nur in den schönsten Abendkleidern herumlaufen sollst. Vielmehr sollten wir uns in Bezug auf unser Aussehen nicht gehen lassen und – egal, wie du es für dich definierst und wie das Ergebnis in deinem Stil aussieht – sollten Wertschätzung aufbringen. Denn dort, wo wir uns gehen lassen, können wir benutzt werden und sind blind im Hinblick auf das, was passiert. Das gilt übrigens für alle Bereiche deines Lebens. Der beste Weg, um deinen Spirit zu umarmen, ist deshalb, ihn zu ehren und dich bereit zu machen für die Gesellschaft. Dich bewusst dafür zu öffnen. Jeden Tag mehrmals.

Würdest du sagen, dass dein Weg, so wie du sprichst, wie du denkst, wie du handelst und worauf du deinen Fokus legst, dieser göttlichen Präsenz würdig ist? Es ist oft peinlich, wie wir uns verhalten.

Wenn du dein Leben ab jetzt in dem Fokus betrachtest, dass du gesegnet bist mit der göttlichen Präsenz, die in deinem Herzen Platz genommen hat, und umgeben bist von einer Gefolgschaft von anderen göttlichen Präsenzen (deinen Mitmenschen), dann wird schon dies allein dein Leben verändern.

Dann wirst du automatisch dein Bestes geben, um der bestmögliche Ausdruck dieser göttlichen Präsenz zu sein.

Vom ersten Moment an, als du geboren wurdest, schon als du noch im Mutterleib warst, floss diese höhere Kraft durch dich. Und das ist etwas, woran du dich immer erinnern darfst. Und aus diesem Grund dürfen wir, wenn wir unser Leben auf eine andere Ebene bringen wollen, einige Dinge verändern.

Wenn du aus diesem Buch nur diese eine bewusste Entscheidung in dein Leben mitnimmst, das, was du bist, täglich zu ehren, hast du einen Mehrwert bekommen, und es wird sich vieles verändern.

Ein Mantra für dich

Durch die konsequente Verwendung eines kraftvollen Mantra, bekannt als das Adi-Mantra, können wir unseren intuitiven Muskel trainieren. Die Klangströme dieses Mantra haben das Potenzial, deinen Bewusstseinszustand zu verändern und dir zu helfen, deine innere Weisheit, dein intuitives Wissen und deine kreative Inspiration zu erschließen.

Ong Namo Guru Dev Namo

Ich verbeuge mich vor der unendlichen Intelligenz und kreativen Weisheit. Ich verbeuge mich vor dem göttlichen Lehrer im Inneren.

Mache dieser Welt dein Geschenk

Ich setze meine Intuition zum Wohle dieser Welt ein.

Dankbarkeit führt uns zur Umsetzung. Denn wenn du über deine Botschaft dankbar bist, erkennst du diese Nachricht in ihrer Wahrheit an und bist aufgefordert, ihr zu folgen. Denn warum solltest du deiner inneren Wahrheit nicht folgen?

Wenn du die Dinge, die du wahrnimmst, umsetzt – deinem Herzen folgst –, machst du der Welt immer ein Geschenk, und es ist ein großer Segen für alle.

Denn egal, was es ist, du strahlst im Außen damit aus, dass du deiner inneren Führung folgst. Es ist ein anderes Auftreten, eine veränderte Energie, die 6-Sensorische Energie, von der ich im ersten Kapitel schon erzählt habe. Sie ist strahlend und animiert andere Menschen automatisch dazu, ebenfalls mehr ihrer inneren Klarheit zu folgen.

Wenn du authentisch handelst, wirst du vielleicht die Erfahrung machen, den ein oder anderen Menschen zunächst vor den Kopf zu stoßen, weil er dich aus einer anderen Rolle kannte, die du spieltest, weil du unbewusst durch dein Leben gegangen bist.

Doch mit deiner neuen Authentizität hilfst du deinen Mitmenschen, genauso authentisch zu handeln und nicht länger ihre Rollen zu spielen. Du und andere können endlich aus Kreisläufen ausbrechen, die euch vorher wie ein Hamsterrad erschienen.

Das erinnert mich an eine Geschichte einer Klientin, mit der ich gearbeitet habe. Marianne war Mutter von zwei Töchtern von zwei und sieben Jahren. Sie kam völlig überfordert zu mir ins Seelenreading und war unglücklich über ihre Lebenssituation. Sie fühlte sich antriebslos, hatte zugenommen und oft Streit mit ihrem Mann. Dazu war sie genervt von ihrer Mutter, die sich ständig in ihr Leben einmischen wollte und ihr Ratschläge erteilte, wie sie es besser machen könnte. Zusätzlich fühlte Marianne sich schuldig, weil sie gar keine Freude mehr dabei spürte, wenn sie sich um ihre Kinder kümmerte. Sie liebte ihre Kinder, war gern mit ihnen zusammen, fühlte sich aber stark unter Druck gesetzt, diese Rolle erfüllen zu müssen.

Wie sich während der Sitzung herausstellte, drängte ihre Mutter sie schon, seit sie klein war, in die Rolle der tollen Hausfrau und Mutter und erzählte ihr ständig, wie wunderbar sie die Dinge mit ihren eigenen vier Kindern gemeistert hatte. Als ich aber in ihre Mutter hineinfühlte, spürte ich einen großen Frust, den sie verbarg. Ich sah viele unerfüllte Wünsche und sah sie singend auf der Bühne. Marianne schmunzelte und erzählte mir, dass ihre Mutter ihr ein einziges Mal in einem innigen Moment erzählt habe, dass es ihr größter Traum gewesen sei, Sängerin zu werden. Sie hätte, als sie jung war, in einem größeren Gesangswettbewerb gewonnen und als Preis ein Stipendium für eine Musicalausbildung erhalten. Drei Monate später wurde sie mit Marianne schwanger und musste damit den Traum ihrer Gesangskarriere zugunsten der Familie aufgeben, auch weil in weiterer Folge die anderen Kinder kamen.

Hier hatte sich ein »Rollenspiel« aus Frustration, Wut und Opfersein gesponnen, das aufgelöst werden durfte. In Mariannes Mutter war noch immer so viel Wut und Traurigkeit über ihren geplatzten Traum gespeichert, dass sie ihre Tochter ebenfalls in die Mutter- und Hausfrauenrolle drängte. Und obwohl Marianne es liebte, zu Hause bei den Kindern zu sein, machte ihr der Druck ihrer Mutter so zu schaffen, dass sie sich komplett dagegen sträubte und ihre Leidenschaft des Mamaseins nicht annehmen konnte. Intuitiv erkannte ich auch bei Marianne ein Potenzial des Gesangs, das sie wiederum aus Schuldgefühl und Angst, ihre Mutter zu verletzen, unterdrückte.

Nach drei Sitzungen, in denen Marianne endlich wieder ihre Herzensstimme und Freude spüren durfte, war sie in der Lage, ihr Mamasein wieder anzunehmen, und fing an, Gesangsstunden zu nehmen. Vor ein paar Wochen erhielt ich eine E-Mail mit einem Bildanhang von ihr und ihrer Mutter, die auf einer Bühne standen und ihr erstes gemeinsames Lied sangen.

Du kannst deine Intuition auch für andere einsetzen, indem du ihnen bei Entscheidungen hilfst und ihnen Botschaften übermittelst, wenn sie dich darum *bitten*. Du solltest allerdings nie jemandem Hilfe oder Ratschläge geben, wenn derjenige das nicht möchte.

Besonders zu Anfang, wenn du Erfahrungen machst mit Botschaften, die du bekommst, oder mit klaren Antworten, wirst du enthusiastisch sein und alle Probleme dieser Welt lösen wollen. Diesen Enthusiasmus solltest du auf jeden Fall behalten und gebündelt dort einsetzen, wo Hilfe tatsächlich gebraucht und vor allem gewollt ist. Niemals sollest du aber andere missionieren wollen, da dies meistens in das Gegenteil umschlägt.

Wenn du deine Intuition nicht nur für deinen jetzigen Alltag anwenden willst, sondern als Berater oder Coach damit durchstarten möchtest, dann kannst du anderen weiterhelfen. Grundvoraussetzung ist jedoch ein wirkliches Vertrauen, das du durch dein regelmäßiges Training bekommen haben solltest. Sei dir dabei bewusst, dass du dein Gegenüber immer in die Eigenverantwortung bringst und selbst entscheiden lässt, welchen Weg er oder sie gehen möchte. Deshalb solltest du am Anfang keine großen lebenseinschneidenden Fragen beantworten. Konzentriere dich zunächst auf die Potenziale, die du wahrnimmst. Sollte sich dabei ein Weg wie ein klares Nein anfühlen, sind in diesem Weg trotzdem Erfahrungen für den Menschen enthalten, die ein großes Potenzial bergen. In meinen Sitzungen nehme ich meinen Klienten niemals die Entscheidungen ab, sondern teile jeweils meine Wahrnehmung zu den beiden Wegen mit und lasse sie dann selbst wählen.

11. Kapitel
Dein intuitives Leben

Es gibt einen Himmel auf Erden, den nur so
wenige je finden, obwohl die Karte in deiner Seele
und die Straße in deinen machtvollen Gedanken ist.

Unbekannter Verfasser

Intuition zu empfangen setzt voraus, dass du bereit bist, das, was du annimmst, in deinem Leben auch umzusetzen. Wenn du deine Intuition ignorierst oder ihr zuwiderhandelst, stellst du dich über dein wahres Sein. Du erhebst deinen Willen über den von Gott. Das ist in Ordnung, doch solltest du dir der Konsequenzen, die in Form von Problemen, Streit oder Krankheiten zu dir kommen, bewusst sein. Denn dein Nicht-Einssein mit dir wird dir im Außen widergespiegelt werden.

Wenn du deine Intuition verstärken möchtest, solltest du sie ernst nehmen und was du empfängst der Welt zur Verfügung stellen. Eine intuitive Botschaft nur zu empfangen und dann nichts daraus zu machen oder anders zu handeln, stoppt den Lebensfluss, den Flow.

Wir sind als geistige Wesen auf die Erde gekommen, um menschliche Erfahrungen zu machen und dieser Welt unser

Geschenk zu geben, unsere Potenziale zur Verfügung zu stellen. Deine Intuition sagt dir klar, welche Erfahrung jetzt als Nächstes ansteht und welche Kreation jetzt in die Welt gebracht werden soll. Sie geht immer von der Fülle aus, die uns jederzeit zur Verfügung steht, und sie wird rasant verstärkt, wenn du einen Vertrag mit dir selbst eingehst, alle Dinge, die du empfängst, umzusetzen.

Denn je mehr Achtung du einer Sache entgegenbringst, desto bestärkter wird sie. Als Folge wird deine Intuition noch kraftvoller zu dir kommen. Deshalb habe ich einen Vertrag für dich zusammengestellt. Eine Abmachung, die du mit dir selbst treffen kannst, um ab jetzt der Stimme deines Herzens zu folgen. Kopiere ihn, oder schreibe ihn ab, und unterschreibe ihn. Hänge ihn an einen Ort, an dem du ihn immer wieder sehen kannst. Und lies ihn am besten einmal am Tag durch, um dich an die Worte deiner Vereinbarung zu erinnern und dein Handeln danach auszurichten.

Der Vertrag

Ich, _____, entscheide mich, in diesem Leben meine ganzen Potenziale zu entdecken und zu leben.

Ich freue mich, meine Geschenke in diese Welt zu bringen, mit meiner inneren Stärke.

Ich werde alles leben, was mein Herz zum Hüpfen bringt.

Ich entscheide mich, der Stimme meines Herzens zu folgen und den Weg der Freude, Begeisterung und Beweglichkeit zu gehen.

Ich öffne mich dafür, dass das Leben viele Geschenke für mich bereithält, und nehme täglich alle Geschenke des Lebens liebend und dankbar an.

Ich werde jetzt aufhören, mich mit anderen zu vergleichen, und erkenne meine wunderbare Einzigartigkeit an.

Ich begegne anderen von Spirit zu Spirit.

Ich werde mit Liebe die großartigste Version von mir selbst leben.

Ich habe Fülle, Lebensglück und Liebe verdient.

Ich bin jetzt schon dankbar für all das Wundervolle, das in mein Leben tritt.

So sei es!

_____

Datum, Ort Unterschrift

Mache Dinge anders

Wir können täglich unsere Intuition nähren. Dafür müssen wir kein Seminar besuchen oder besonders viel Zeit aufwenden. Denn es soll ja leicht gehen, im Flow zu sein, und in deiner momentanen Situation umsetzbar sein. Eine große Veränderung in Richtung Heilung trat in meinem Leben auf, als ich begann, Dinge anders zu machen. Auch wenn es zunächst nur kleine Dinge waren. Es gab eine Zeit, in der es mir physisch sehr schlecht ging, ich mit meinem Körper zu kämpfen hatte und mich von Freunden oder anderen Menschen zurückzog. Ich hatte Angst davor, in meiner Freiheit eingeschränkt zu sein, wenn ich mit anderen zusammen war und nicht das machen konnte, was ich wollte.

An jenem Tag, der mein Leben verändern sollte, hatte ich mir vorgenommen, shoppen zu gehen, weil ich dringend ein Kleid für einen Empfang brauchte. Ich ging immer allein einkaufen, um nicht vor der Umkleidekabine auf andere warten oder in Geschäfte gehen zu müssen, in die ich gar nicht hineinwollte. An besagtem Tag erhielt ich die SMS einer Schauspielkollegin, die ich schon lange nicht mehr gesehen hatte und die mich fragte, ob wir am Nachmittag etwas gemeinsam unternehmen wollten. Normalerweise hätte ich sofort abgesagt, doch mein Bauchgefühl drängte mich, mein übliches Vorgehen zu ändern. Obwohl es eine große Herausforderung für mich war, schrieb ich ihr zurück, dass ich shoppen gehen würde und ob sie nicht Lust habe, mich zu begleiten. Der Tag mit ihr verlief angenehm, auch wenn ich in meiner Geduld und Kompromissbereitschaft geprüft wurde.

Irgendwann führte sie mich in einen Esoterikladen in einem Hinterhof. Ich kannte die große Einkaufsstraße, auf der wir uns befanden, in- und auswendig, dieser Laden war mir bisher aber noch nie aufgefallen. Drinnen, wo es angenehm nach Räucherstäbchen roch, fiel mir beim Stöbern plötzlich wie aus dem Nichts ein Buch über den Erzengel Raphael vor die Füße. Ich hob es auf, und auch, wenn ich damals mit Engeln wenig anfangen konnte, las ich doch die ersten Zeilen. Sie berührten direkt mein Innerstes, und ich fühlte mich verstanden. Es war das Buch, mit dem damals meine bewusste spirituelle Reise der Heilung beginnen sollte.

Hätte ich an diesem Nachmittag etwas anderes getan, wäre ich vielleicht nie zu dem Buch, das mich aus meinem Schlaf holte, geführt worden. Für mich war es der Beweis, dass das Universum uns sofort unterstützt, wenn wir aus unserer Bequemlichkeit ausbrechen und intuitiv Dinge verändern und anders handhaben.

Wie du durch Intuition deine Traumbeziehung lebst

Jetzt, wo du weißt, wie du mit deiner Intuition in Kontakt treten kannst, hast du die Möglichkeit, auch deinen Traumpartner anzuziehen oder deine jetzige Beziehung auf eine höhere, erfüllendere Ebene zu bringen. Du kannst herausfinden, ob dein Partner oder deine Partnerin nach wie vor in dein Leben passt. Du wirst durch deine Intuition authentischer werden und dich von deinen Rollen befreien können, die du unter Umständen schon viel zu lange spielst.

Deine Partnerschaft optimieren – gehört mein/e Partner/in noch in mein Leben?

Wenn du dich in einer Partnerschaft befindest, in der du momentan unglücklich bist, liegt das vorwiegend daran, dass du deinen eigenen Wert bisher nicht gelebt hast. Dass du gegen dein Herz gehandelt hast und dir nicht in Eigenverantwortung das geholt hast, was dein Herz dir gesagt hat. Aber wenn du dich durch deine Intuition veränderst und authentischer lebst, wirst du eventuell so handeln, wie dein Partner dich vielleicht noch nicht kennt. Das mag erst einmal auf Widerstand stoßen, weil es für dein Gegenüber möglicherweise unbequem wird. Er oder sie ist dadurch aufgefordert, sich ebenfalls zu verändern, wenn es nicht mehr in der normalen Routine weitergehen soll.

Dann kannst du deinem Gegenüber, wenn du merkst, er oder sie ist vor den Kopf gestoßen oder ihr steht kurz vor einer Auseinandersetzung, immer folgende Antworten geben:

> »Das hat mir mein Herz gesagt.«
> »Ich handle so, weil ich intuitiv weiß, dass dieser Weg der optimale für mich ist.«
> »Würde ich anders handeln, würde ich mich verleugnen, und das möchte ich ab jetzt nicht mehr.«

Bitte achte darauf, dass in deinem Handeln und deinen Worten nicht der kleinste Funke von Wut oder dem Wunsch, dem anderen etwas heimzuzahlen, steckt. Drücke dich bestimmt, klar und am besten emotionslos aus. Dann wird es dein Gegenüber verstehen. Er oder sie hat jetzt die Möglichkeit, sich gemeinsam mit dir weiterzuentwickeln, in die Veränderung zu kommen oder in seiner oder ihrer Bequemlichkeit zu verharren. Spürst du, dass er oder sie den ersten Schritt macht, dann hilf ihm oder ihr, indem du ihn oder sie dabei unterstützt, seine oder ihre Vision zu finden. Öffne bewusst dein Herz, und schenke Anerkennung.

Bleibt er oder sie beim zweiten Schritt, dann sende noch mehr Liebe aus, und öffne dein Herz noch mehr. Folge weiter deinem intuitiven Herzensweg – mache alle Dinge, die dir Freude bereiten, und sorge gut für dich. Versuche, alle Erwartungen an deinen Partner fallen zu lassen, verabschiede dich von deinen Vorurteilen, und lasse dich nicht herunterziehen. Nutze diese Chance dazu, um zu wachsen, zu erfahren und noch stärker in dein Vertrauen zu dir selbst zu kommen. Überprüfe jeden Tag beharrlich, ob der Partner an deiner Seite in dein Leben passt, und stelle deiner Intuition folgende Fragen:

»Stimmt die Beziehung so, wie sie ist?«
»Gehört der andere noch in mein Leben?«
Stelle ruhig einmal alles infrage.
»Wie sollte unsere Beziehung aussehen,
damit sie stimmig ist?«
»Was müsste ich verändern, damit unsere Beziehung zu unserem beiderseitigen Wohl gerät?«

Wenn es Alternativen gibt, dann kannst du dir auch diese vorstellen und dich fragen:

»Soll ich diesen Weg XY wählen?«
»Welchen Weg soll ich gehen, damit es
meinem höchsten Wohl dient?«

Achte aber darauf, nicht mit deiner Intuition zu arbeiten, wenn du gerade hochemotional bist, etwa nach einer heftigen Auseinandersetzung. Gehe erst mal in den Wald, und folge Schritt 1 des Programms, um in deine innere Ruhe zu finden. Du kannst dir diese Fragen auch zu jeder anderen Beziehung in deinem Leben, in der du Klarheit wünschst, stellen, wie der zu deinem Chef, deinen Kindern, deiner Schwiegermutter, deinen Freunden etc.

Wenn du auf Partnersuche bist – finde deinen Traumpartner durch deine Intuition

Vielleicht bist du schon lange auf der Suche nach der »perfekten« Beziehung, oder du ertappst dich dabei, wie du immer wieder an dieselbe Sorte Männer oder Frauen gerätst und stets aufs Neue denselben Prozess einer Beziehung durchläufst, der bislang noch jedes Mal zu einer Trennung geführt hat.

Warum viele Menschen keinen Partner finden oder unglückliche Liebesbeziehungen geführt haben, liegt an den vielen Erwartungen, die sie haben. Doch diese Anforderungen haben für gewöhnlich nichts mit dem eigenen Wert zu tun, sondern entstehen meist aus fehlender Selbstliebe und einem inneren Mangel, den der andere in dieser Beziehung dann ausfüllen soll.

Hier gilt es, zunächst diesen Mangel zu beheben, Kindheitsthemen mit den Eltern aufzulösen, Glaubensmuster zu durchbrechen und eine eigene Vision zu kreieren. Genau zu diesem Thema habe ich einen Onlinekurs entwickelt, in dem diese verschiedenen Muster mit vielen nützlichen Übungen zu heilen sind.

Du findest ihn unter: www.spirit-mission.de.

Zusätzlich hast du durch deine Intuition aber bereits die besten Voraussetzungen gewonnen, diese Dinge zu lösen. Dennoch kann es aber sein, dass du noch nicht deine Werte herausgefunden hast. Wie stellst du dir deine optimale Partnerschaft vor? Wie soll dein Traumpartner oder deine Traumpartnerin sein? Welche gemeinsame Vision wäre erstrebenswert? Denn eine Partnerschaft funktioniert nur mit einer übereinstimmenden Vision lang anhaltend und erfüllend. Mit einem Zukunftstraum, der zusammen kreiert und erschaffen werden soll.

Stelle dir dazu folgende Fragen:

> »Wie sieht ein Leben aus, das meinem höchstmöglichen Wohl dient?«
> »Welche Werte und Eigenschaften sind mir bei meinem Partner wichtig?«
> »Was möchte ich meinem zukünftigen Partner geben, was möchte ich für ihn sein?«
> »Wie soll mein optimaler Partner aussehen?«
> »Soll der Partner, der meinem höchsten Wohl dient, jünger, gleich alt oder älter sein?«

Stelle diese Fragen an deine Intuition, nicht an deine bisherigen Vorstellungen und Konditionierungen deiner Gedanken. Schreibe dir alle Antworten auf, und nutze die Kraft deiner Gedanken und Gefühle dazu, dir jeden Tag diesen Traumpartner vorzustellen. Ich selbst habe so meinen damaligen

Partner gefunden, mit dem ich sieben glückliche Jahre zusammengelebt und eine wundervolle Tochter habe. Auch wenn sich unsere Wege dann getrennt haben, weil wir uns in unterschiedliche Richtungen entwickelt haben, war es für mich in diesem Zeitraum meines Lebens die optimale Beziehung.

Sei dir bewusst, dass der Partner oder die Partnerin, mit dem oder der du dein Leben zu deinem höchstmöglichen Wohl verbringen möchtest, bereits existiert. Und nur darauf wartet, dass du dir in deinem Herzen darüber bewusst wirst, was du möchtest, und dies dann aussendest, damit eure beiden Energien sich treffen können.

Ich freue mich, von dir per E-Mail zu hören, wie es geklappt hat.

Wie du durch Intuition erfolgreich deine Berufung findest und lebst

Intuition ist essenziell, um deine wahre Berufung auf Erden zu finden. Unter Berufung verstehe ich, dass du deine Potenziale und Talente, die du in dieser Inkarnation mitgebracht hast, der Welt zur Verfügung stellst und anderen damit einen Mehrwert gibst. Diese Talente und Fähigkeiten stehen ganz im Zusammenhang mit deiner Seele, und wenn du sie ausübst, erfüllt es dich und gibt dir Freude. Außerdem hat eine Seelenberufung immer mit Kreativität zu tun. Das bedeutet nicht, dass du nun malen oder tanzen oder bildhauerisch tätig sein musst, sondern dass du mit Freude etwas kreierst.

Dazu zählt auch, wenn du beispielsweise eine Firma leitest, mit der du einen Mehrwert für diese Welt schaffst. In der du einen Plan oder eine Strategie entwirfst, entwickelst, aufschreibst oder erfindest, damit diese Firma sinnvoll und nachhaltig funktionieren kann. Der heutige Erfolg vieler Firmen gründet oft auf intuitiven Eingebungen früherer Mitarbeitergenerationen.

Mein Spezialgebiet ist es, Menschen zu ihrer wahren Seelenberufung zu führen. Denn erst wenn man seine Vision und Aufgabe hier auf Erden gefunden hat, entsteht Heilung und Fülle auf allen Ebenen. Deshalb ist es auch in einem Betrieb wichtig, dass die Mitarbeiter ihr ganzes Potenzial in ihre Arbeit einfließen lassen können und an der richtigen Position eingesetzt werden. Sobald individuelle Kompetenzen entwickelt werden, setzt dies große Kräfte frei, und der Mensch erfährt Erfüllung bei gleichzeitiger Fülle für das Unternehmen.

Wie findest du nun deine Seelenberufung? Im von mir entwickelten Onlinekurs »Spirit Mission« wirst du dorthin geführt. Oder du besuchst eines meiner Intuitionsseminare beziehungsweise eines meiner Intuition-und-Seelenberufung-Seminare, in denen wir viele Übungen machen, die dich zu deiner Berufung führen. Du kannst zunächst aber auch eine schöne Übung machen und deine Intuition, deine Seele selbst befragen, wie sie sich auf dieser Welt ausdrücken möchte.

Übung: Finde deine Seelenberufung

Du brauchst mehrere Blätter Papier und einen Stift. Nimm dir Zeit für diese Übung. Suche dir einen ruhigen Ort, und setze dich gemütlich hin. Schließe deine Augen, und atme mehrere Male tief ein und aus. Richte nun deine Intention, deinen Fokus von deinem dritten Auge nach oben, und stelle deiner Intuition, deinem Höheren Selbst, innerlich die Frage:

»Was ist meine (Seelen-)Berufung?«
»Welches Geschenk habe ich dieser Welt zu geben?«
»Was sind die Potenziale, die ich als Mehrwert anderen zur Verfügung stellen soll?«

Du siehst an diesen Fragen, dass es nicht darum geht, welchen Beruf du ausüben sollst, sondern wie du im Zustand größtmöglicher Freude deinen Neigungen und Talenten nachgehen kannst. Wenn du parallel dazu an deinem Mindset und deinem eventuellen Mangelbewusstsein arbeitest, dir Unterstützung in der Umsetzung holst und das Annehmen der Fülle zulässt, kann es gar nicht anders kommen, als dass du mit deiner Intuition und deinen Potenzialen erfolgreich und erfüllt sein wirst. Etwas anderes lässt das Universum gar nicht zu.

Dein intuitives, erfolgreiches Business

Wer sich in einem sich rasant verändernden Markt behaupten möchte, muss einen Mehrwert für Menschen bieten und durch die Intuition die richtigen, optimalen Entscheidungen rasch treffen können. Ein wichtiger Faktor ist hierbei die schnelle technologische Entwicklung unserer Gesellschaft.

Selbst in meiner noch jungen Lebenszeit habe ich vom alten Festnetztelefon mit Wählscheibe über ein eingebautes riesiges Autotelefon, auf das mein Vater so stolz war, und die ersten an Knochen erinnernden Handys bis zum ultraleichten Smartphone, das einen Computer ersetzen kann, alles mitbekommen. Und niemand weiß, wohin die diesbezügliche Entwicklung gehen wird. Blitzschnelle Entscheidungen sind gefragt in einer Welt, in der keiner vorhersagen kann, wie sich der Geschmack, die Kaufkraft sowie die wirtschaftliche Situation entwickeln werden. Denn Erfolg ist weder das Ergebnis jahrelanger Planung, wachsenden Wissens und intensiverer Forschung noch glücklicher Zufälle. Er ist das Ergebnis der intuitiven Fähigkeiten der Menschen. Ablesen kann man dies beispielhaft an den Börsenwerten, die schon lange nicht mehr nur nach reinen Sachwerten beurteilt werden, sondern nach dem kreativen und intuitiven Potenzial eines Unternehmens und dessen Mitarbeitern.

Letztendlich bedeutet dies, dass Intuition aus einer erfolgreichen Businesswelt nicht mehr wegzudenken ist. Mitarbeiter, Firmenchefs und Manager, die ihre Intuition kreativ einsetzen, sind mehr denn je gefragt. Menschen, die große Visionen haben, die das All-Wissen einbeziehen und nicht nur ihr Gelerntes abrufen, sind einer der Gründe, weshalb ich Intuitionstrainings für Firmen anbiete. Das ist eine optimal getätigte Investition!

Erfolg besteht aus einer Kombination von drei Dingen: zur richtigen Zeit am richtigen Ort die richtige Vision haben. Wenn eine dieser Komponenten fehlt, wirst du keinen Erfolg haben.

Wenn du zur richtigen Zeit eine geniale Vision hast, aber nicht weißt, wohin du dich wenden sollst oder an welchen Ort du damit gehen sollst, um in die Manifestation zu kommen, wirst du keinen Erfolg haben.

Wenn du zur richtigen Zeit am richtigen Ort bei einfluss-reichen Menschen bist, aber nicht die richtigen Worte für deine Vision findest beziehungsweise sie gar nicht hast, wirst du keinen Erfolg haben.

Wenn du am richtigen Ort mit deiner richtigen Vision bist, aber zum falschen Zeitpunkt, weil der einflussreiche Mensch gerade einen Streit mit seiner Frau hatte und deshalb nicht aufnahmebereit ist, wirst du ebenfalls keinen Erfolg haben.

Oder wenn es fünf Monate zu früh ist, weil sich Menschen unter deiner Vision noch nichts vorstellen können und sie die Notwendigkeit noch nicht sehen, wirst du genauso wenig Erfolg haben.

Mit deiner Intuition hingegen wirst du wissen und wahr-nehmen, was deine Vision ist, an wen du dich wenden sollst, an welchen Ort du gehen musst und wann der richtige Zeit-punkt dafür gekommen ist.

Um Erfolg zu haben, müssen alle drei Komponenten von deiner Intuition erfüllt werden. Auf keinen Fall solltest du aber, weil du voller Freude darüber bist, dass du deine Vi-sion gefunden hast, die anderen Komponenten überstürzt und rein verstandesmäßig entscheiden. Denn damit dreht man oftmals Extrarunden – und ich spreche da aus eigener Erfahrung. Oder du verlierst das Vertrauen in deine Vision und damit in dich, weil die Umsetzung nicht gleich funktio-niert hat. Dahingehend habe ich mit vielen meiner Klienten gearbeitet und durfte ihnen in die Kraft und in ihr Urver-trauen helfen. Um lang anhaltend erfolgreich zu sein, ist es von größter Notwendigkeit, in allen Schritten seiner Intui-tion zu folgen.

Wie du durch Intuition zu Gesundheit findest

Intuition und Gesundheit sind nicht voneinander trennbar. Jegliche Krankheit ist ein Abwenden von seiner Vollständigkeit und von dem, was man ist. Intuition führt dich immer zu deinem wahren Sein. Ich habe mittlerweile mit vielen Menschen gearbeitet, die entweder psychisch oder physisch krank waren, und konnte bei allen feststellen, dass sie sich in einem oder mehreren Lebensbereichen verleugnet haben. Jegliches Krankheitsbild ist so speziell, dass man hierzu ein eigenes Buch über Intuition und Heilung schreiben könnte. Und dennoch haben alle Krankheitsbilder verschiedene Komponenten, die sich oft überschneiden.

Menschen haben ein Scheinbild von sich aufgebaut, sind in eine Rolle geschlüpft und haben ihre Selbstliebe verloren, während alte Schmerzen und Verletzungen nicht gelöst wurden. Sie haben nicht auf ihren Körper in Bezug auf Nahrungsmittel, Mineralstoffe und Vitamine geachtet und sich selbst und ihre Vision im Leben verloren. Jegliche Krankheit ist somit ein Zeichen, dass in unserem Inneren etwas nicht in Ordnung ist und dass der Ausgleich zwischen Kopf, Herz und Verstand nicht mehr stimmt.

Dabei ist Krankheit notwendig, um an seine Vollständigkeit er-inner-t (in die Innenschau gehen) zu werden, um diesen Mangel selbst zu erkennen und etwas zu verändern.

Auch du kennst sicher Menschen, die immer gesund sind, die vor Vitalität förmlich sprühen und scheinbar wenig für ihre Gesundheit tun. Dann kennst du andere, die ständig irgendwelche Pillen schlucken, erkältet sind, zum Arzt rennen und permanent über ihre Wehwehchen klagen.

Was machen die Ersten anders als die Zweiten? Sie hören intuitiv darauf, was Körper und Geist gerade brauchen. Sie fühlen, welche Lebensmittel sie essen müssen, damit ihr Körper optimal mit Mineralstoffen und Vitaminen versorgt ist. Und sie spüren, wann ihr Körper eine Dehnübung nötig hat, damit die ein oder andere Stelle optimal durchblutet wird. Sie nähren ihren Geist mit Dingen, die er gerade braucht, und spüren, wann es Zeit ist, sich eine Auszeit zu gönnen, und nehmen sie dann auch. Vor allem versuchen sie, Stress weitestgehend zu vermeiden. Oder sie sorgen für Lebensfreude gerade in Zeiten, in denen es viel zu tun gibt, indem sie diese mit kleinen Belohnungseinheiten auflockern, etwa mit einer entspannenden Massage oder mit Musik, die sie lieben.

Sie entspannen sich mit einer kurzen Meditation auf der Toilette im Büro, genießen ein leckeres nährstoffreiches Essen, einen Bioapfel oder eine kurze intuitive Übung zwischendurch. Oder sie legen für fünf Minuten die Füße hoch und tun gar nichts.

So wird ein vollgepackter 8-Stunden-Tag entzerrt. Und glaube mir, du wirst durch solche kleinen Pausen erfüllter sein, und dein Stresslevel wird sich um ein Vielfaches reduzieren. Es ist der Stress, der die meisten Menschen krank macht. Durch deine Intuition weißt du, was du und dein Körper in diesem Augenblick brauchen. Folgende Dinge haben Menschen, die gesund sind, alle gemeinsam: Sie leben in Harmonie, im Einklang mit ihrem wahren Selbst, aus ihrem Inneren heraus.

Ich stehe oft im Supermarkt vor der Obst- und Gemüseabteilung und frage mein Höheres Selbst:

»Welches Nahrungsmittel brauche ich, damit mein Körper optimal versorgt ist?« Dann frage ich auch für meine Familie und greife intuitiv zu den richtigen Nahrungsmitteln, um daraus zu Hause ein wohlschmeckendes Essen zuzubereiten. Wenn du erkrankt bist, egal woran und wie stark, gib dich nicht auf, sondern übergib diese Krankheit deiner Intuition. Tue dies ebenfalls für andere erkrankte Menschen in deinem Umfeld. Frage dein Höheres Selbst:

»Was gibt es zu lösen, damit ich wieder in vollster Gesundheit bin?«
»Krankheit, was möchtest du mir zeigen?«
»Lieber Körper, was brauchst du, um optimal mit Nährstoffen versorgt zu sein?«
»Liebe/r ... (benenne den Bereich, der krank ist, zum Beispiel Leber, Kopf ...), was brauchst du, um heil zu sein?«

Dann nimm wahr, wie du deine Vollständigkeit im Außen leben kannst, welche Blockaden dich abhalten, welche Probleme zu lösen sind, und setze das dann um. Heilung kann nur geschehen, wenn du entsprechende Schritte dazu unternimmst. Solltest du dich gar nicht mehr bewegen können, lass es geistige Schritte sein, mentale Dinge, die du wiederholst oder anders machst. Indem du beispielsweise anderen oder dir selbst vergibst, dich nicht mehr kleinmachst oder andere Glaubenssätze umprogrammierst.

Auch wenn du nicht krank bist, kannst du deinem Körper jeden Tag Aufmerksamkeit schenken und ihn fragen:
»Lieber Körper, was brauchst du heute?«
»Mein Geist, womit möchtest du dich heute befassen?«

Du kannst durch deine Intuition wissen, welche Medikamente oder Heilmittel optimal für dich sind und welche deinem Körper eher schaden. Nimm eines deiner Medikamente oder eines deiner pflanzlichen Mittel in die Hand, und schreibe dessen Namen auf, indem du eine Frage stellst wie:

»Dient dieses Mittel meiner optimalen Gesundheit?«

»Liebe Intuition, was möchtest du mir über dieses Mittel in Zusammenhang mit meiner Gesundheit sagen?«

Oder du nimmst die Zettelaufstellung hinzu, die du im Übungskapitel findest.

Du solltest alle Entscheidungen aber stets mit deinem Arzt oder deinem Heilpraktiker besprechen und letztendlich immer in die Eigenverantwortung gehen und dir selbst vertrauen.

Intuitives Heilen

Du kannst die göttliche Heilquelle bitten, dass sie durch dich strömt und dort Heilung bringt, wo sie benötigt wird. Entweder für dich oder andere Menschen. Die höchste Quelle weiß genau, wo sie gebraucht wird und was die Ursache einer Krankheit ist.

Wenn du dich heilst, dann lege deine rechte Hand auf dein Herz und deine linke auf deinen unteren Bauch. Dann bitte um Gottes Heilkraft. Sende dazu von deinem dritten Auge die Intention nach oben:

»Ich bitte darum, dass Gottes Heilkraft durch mich strömt und dorthin geht, wo sie gebraucht wird.«

Und dann kommt das Schwierigste von allem: gar nichts

tun und in den Zustand von Schritt 3 kommen. Alles los- und geschehen lassen.

Versuche dabei, alle gedanklichen Fragen, in welche Bereiche es strömen soll oder was die Ursache für deine Erkrankung ist, zu vergessen, und konzentriere dich nur auf deinen Atem. Du brauchst deine Hände nirgendwo anders hinzulegen, sondern nur zu vertrauen, dass die Heilkraft dorthin fließt, wo sie hingehört und benötigt wird. Lass sie so lange strömen, bis du intuitiv spürst, jetzt ist es gut. Dann bedanke dich. Wenn du jemand anders Heilung geben möchtest, stelle dich hinter die sitzende oder liegende Person, und lege ihr deine Hände leicht auf die Schultern. Nirgendwo anders hin. Du wirst merken, wie du intuitiv ihre Selbstheilungskräfte unterstützen und aktivieren kannst.

Vertraue darauf, dass deine Intuition weiß, wie du in deine gesundheitliche Fülle kommst, denn sie gibt die Antwort aus der Fülle.

Dieser intuitive Prozess transformiert dein Leben in Richtung Glück, Authentizität, Verbundenheit und Fülle

Es gibt einen Prozess, der dich in Einklang mit deinem Herzen sofort weg von deinen Verstandesentscheidungen führt. Er wird dein Leben komplett transformieren und in eine neue Bahn lenken. Bisher bist du immer den Fluss stromaufwärts geschwommen, weil du dein Leben besonders raffiniert kopfgesteuert gestalten wolltest. Dein Leben war geplagt von ständiger Anstrengung und einem Ausweichen vor Dingen und Problemen, die dir entgegengeschwommen sind. Doch der wahre Weg geht flussabwärts, im Strom des Einklangs, leicht und dich führen lassend, von deiner Herkunft, von Gott. Wenn du ab jetzt die wichtigen Dinge in deinem Leben nicht mehr von deinem Verstand her entscheiden möchtest, sondern aus deinem Herzen, dann beginnt das mit einer Verpflichtung: 180 Tage lang dein Leben nach einer Frage zu leben.

Sie soll dein Mantra sein, in jeder Minute, jeder Sekunde. Am besten, du nimmst einen Kalender heraus und streichst dir den heutigen Tag an und notierst, wann 180 Tage zu Ende sind. Ab dem jetzigen Zeitpunkt richtest du alle deine Entscheidungen und alle deine Handlungen nach einer einzigen Frage aus:

»Was würde jemand, der sich selbst liebt, jetzt tun?«

Diese Frage wird dir helfen, die richtige Antwort zu bekommen, um dann danach zu handeln, damit du alles, was du vom Leben willst, auch erhältst. Stelle dir die Frage bei allen Entscheidungen, die du zu treffen hast, ob klein oder groß, wann immer du eine freie Minute und die Möglichkeit hast, zu entscheiden, was du mit deiner Zeit anfangen sollst. Wenn du diese Frage stellst, gehst du automatisch weg von deinem Kopf und Verstand und verbindest dich mit deinem Herzen, deiner Intuition. Diese Frage wird dir sofort von deiner höheren Quelle beantwortet, weil sie eine Frage der Selbstliebe ist, die wiederum deine Essenz bildet.

Du wirst dich jetzt vielleicht wundern, warum du nicht fragen solltest:

»Was würde ich, der ich mich selbst liebe, jetzt tun?«

Doch damit würdest du sofort wieder ins Nachdenken kommen und dein Ego triggern, das dir vielleicht sagen würde:

»Ach, aber du liebst dich doch gar nicht selbst.«

Der Verstand würde deine Frage zunichtemachen, während du mit der anderen Frage deinen Verstand und damit dein Ego austrickst und gleichzeitig deine Höhere Quelle anzapfst.

Wenn du dir die Frage stellst, was jemand, der sich selbst liebt, jetzt tun würde, erlaubst du dem Universum, dich auf den schnellsten Weg zu bringen von dort, wo du bist, dahin, worum du gebeten hast. Du wirst eventuell nicht wissen, warum das die Antwort ist, doch das musst du auch nicht, denn sonst würdest du ja wieder ins Grübeln kommen. Das Universum weiß viel mehr darüber, was in Übereinstimmung mit deinem höchsten Wohl ist, als du aus deiner beschränkten Perspektive heraus auch nur erahnen kannst.

Aus eigener Erfahrung kann ich dir sagen, dass dieser Prozess eine der stärksten Transformationen in meinem Leben bewirkt hat. Ich habe voll und ganz zu mir selbst gefunden, meinen Wert entdeckt und vor allem meinen einzigartigen Weg, der mich bis hierher geführt hat, um dieses Buch zu schreiben.

12. Kapitel
Dein Intuitions-Übungskapitel

Wichtig ist, dass es dir Spaß macht, zu üben. Intuition ist kein Schulfach, das du mit starrem Pauken irgendwann zu beherrschen lernst; Intuition kommt ganz auf natürliche und wenn du willst unschuldige Weise zu dir zurück, beides Eigenschaften, die sie letztlich ausmachen. Je leichter und mit mehr Freude du das Thema Intuition anpackst, desto schneller wird sich deine Intuition entfalten. Denn sie wird wieder zu etwas, was bewusst zu dir gehört, aus deinem Inneren kommt, und nicht zu etwas, was außerhalb von dir liegt. Es gibt zwei verschiedene Arten, wie du mit ihr umgehst. Auf der einen Seite kannst du feste Zeiten für deine intuitiven Übungen einplanen. Der intuitive Zirkel, auf den ich nachher eingehen werde, ist eine Möglichkeit. Der Vorteil von fest eingeplanten Übungen ist, dass du den Fokus komplett auf die Sache richtest, indem du ihnen einen festgelegten Rahmen gibst. Du wirst weniger abgelenkt sein, deine Konzentration ist höher und die Energie gebündelter. Optimal wäre, jeden Tag mindestens zehn bis fünfzehn Minuten für Übungen einzuplanen.

Auf der anderen Seite kannst du intuitive Übungen ausgezeichnet in deinen Alltag einfließen lassen. Hierfür gibt es viele Möglichkeiten. Der Vorteil ist, dass das Intuitionstraining gleich in den Tagesablauf integriert ist und die Leichtigkeit dadurch verstärkt wird. In meinem Alltag ist Intuition sogar eine Art Spiel. Ein Beispiel dafür ist der tägliche Gang zum Briefkasten. Bevor du ihn öffnest, kannst du intuitiv wahrnehmen, wie viele Briefe sich heute darin befinden mögen. Fühlt es sich nach einem oder mehreren Briefen an? Du kannst sogar die genaue Anzahl bestimmen. Des Weiteren kannst du herausfinden, um welche Art von Briefen es sich handelt. Ist es eine Rechnung, ein Liebesbrief, Werbung? Du wirst wahrnehmen, dass sich ein Liebesbrief anders anfühlt als ein Zahlungsbescheid vom Finanzamt. Bei Letzterem wirst du dir vielleicht überlegen, ob du den Briefkasten nicht erst später aufmachen möchtest.

Eine andere Übung, die ich regelmäßig mache und die in unserem Handy-Zeitalter perfekt für jeden scheint, ist der »Anruf-Check«. Ich lasse mein Handy tagsüber oft im Flugmodus. Einerseits wegen der schädlichen Strahlung, andererseits um meinen Stress zu reduzieren und in Arbeitsprozessen nicht gestört zu werden. Bevor ich es dann einschalte, überprüfe ich intuitiv, ob in der Zwischenzeit jemand angerufen hat oder ob eine Nachricht gekommen ist. Wenn ich fühle, dass angerufen wurde, spüre ich in den jeweiligen Menschen hinein.

Fühlt es sich nach meiner Mutter an, einem Freund, einem Unbekannten? Habe ich das wahrgenommen, spüre ich, was dieser Mensch von mir wollte oder möchte, und so kann ich mich auf Gespräche vorbereiten. Ich weiß intuitiv im Vorhinein, was mich beim Rückruf erwartet. Dies ist ein großer Pluspunkt, denn so kann ich mich schon vorab energetisch ausrichten, um das Gespräch in das Optimum zu lenken.

Speziell im Business ist das ein klarer Vorteil. Du wirst nicht mehr überrumpelt von irgendwelchen Dingen.

Diese Übungen machen nicht nur Spaß, weil du deine Intuition dabei genießt, sondern sie schulen ebenfalls deine Achtsamkeit. Alltägliche Situationen bekommen dadurch wieder mehr Aufmerksamkeit, und du erhältst mehr Klarheit für den Moment. Es gibt viele weitere Übungen, um allein, zu zweit oder in der Gruppe zu trainieren. Hier in diesem Übungskapitel werde ich sie dir vorstellen.

Deine intuitive Übungsgruppe – Intuition-Circle

Um dich gleich zu beruhigen, ein Circle, Zirkel, hat nichts mit Hexen oder Geistern zu tun, sondern steht für ein Üben in der Gruppe. Es soll deine Intuition regelmäßig trainieren, weiterentwickeln und zu mehr Bewusstsein und Kontrolle über deine Fähigkeiten führen.

Der mediale Zirkel kommt aus dem englischen Spiritismus und weist auf eine Vereinigung hin, die sich auf das Training von übersinnlichen Fähigkeiten konzentriert. Die Teilnehmer sitzen meistens im Kreis, im Circle, zusammen. Im englischen Spiritismus herrschen strengere Regeln darüber, wie ein Zirkel genau auszusehen hat und was jeder mitbringen muss. Wer Interesse daran hat, dem möchte ich ein brillantes Buch von Harald Knauss empfehlen: *Medialität und Zirkelarbeit*, erschienen im Elfenohr Verlag.

Ich werde dir hier Grundlagen mitgeben, um deine eigene intuitive Übungsgruppe, deinen Intuitionszirkel, zu gründen.

Dennoch sollte immer ein schon erfahrenes Medium oder eine Person mit Zirkelerfahrung deine Gruppe leiten. Oder du besuchst eines meiner Intuitionsseminare, in denen das Zirkeltraining stets ein zentrales Element darstellt.

Man unterscheidet zwischen geschlossenen und offenen Zirkeln.

Ein geschlossener Zirkel ist eine Übungsgruppe, die immer dieselben Teilnehmer hat. Der Vorteil ist hier, dass man einen Weg erschafft, um gemeinsam intuitiv zu wachsen, sich aufeinander einzustellen und die Schwingungen zu erhöhen, um später dann auch Übungen für Fortgeschrittene zu machen. Die Teilnehmer schwingen sich immer mehr aufeinander ein und wachsen zusammen. Die gleichen Personen besuchen den Kreis in regelmäßigen Abständen, meist einmal in der Woche. Der Zirkel sollte stets am gleichen Ort, am gleichen Tag und zur gleichen Uhrzeit stattfinden. Nicht zu erscheinen ist nur in wirklichen Ausnahmefällen möglich, und jeder Teilnehmer sollte mit einer positiven Einstellung in den Kreis eintreten.

Meine Medialitäts-Lehrerin saß dreißig Jahre lang mit denselben Menschen im gleichen Zirkel. Sie meinte, dass es nie langweilig wurde, da man immer tiefer und tiefer gekommen sei. Auch wenn es oft die gleichen Übungen waren, habe es von den anderen Teilnehmern immer mehr zu erfahren gegeben. Wir glauben oftmals, Menschen gut zu kennen, und doch gibt es in jedem von uns so unendlich viele Geheimnisse, die wir teilweise nicht einmal von uns selbst kennen.

Offene Zirkel sind Übungsgruppen, zu denen unterschiedliche Menschen kommen, manchmal mehr als sieben. Zunächst entwickelt sich in den meisten Fällen erst einmal ein offener Zirkel, in den die Menschen hineinschnuppern und überlegen können, ob sie tatsächlich an einem Training interessiert sind. Mit der Zeit entwickelt sich das Ganze dann zu einem geschlossenen Zirkel. Die Teilnehmer, denen die eigene Entwicklung der Intuition wirklich wichtig ist, bleiben. Bei offenen Zirkeln ist es von großer Wichtigkeit, einen qualifizierten und fähigen Zirkelleiter zu haben. (Ich spreche hier der Einfachheit halber immer vom Zirkelleiter, meine aber stets auch die weibliche Form.)

Es liegt in der Verantwortung des Leiters, sicherzustellen, dass die intuitiven Botschaften so kurz wie möglich zugestellt werden, damit alle an die Reihe kommen. Der Leiter stellt sicher, dass niemand seine Grenzen überschreitet und der Kreis respektvoll gehalten wird. Du wirst dir womöglich die Frage stellen, warum diese Art von Verpflichtung für den Zirkel notwendig ist. Es hat etwas mit Respekt zu tun, mit Demut vor dem, was durch uns wirkt, gepaart mit der eigenen Verpflichtung, echtes Interesse zu zeigen und Fortschritte zu machen. Und das wiederum baut auf regelmäßigem Training auf. Dasselbe gilt, wenn du ins Fitnessstudio gehst. Von einmal trainieren wirst du keinen fitten Körper bekommen. Erst bei einem regelmäßigen Besuch wirst du Veränderungen bemerken. Immer der gleiche Ort bringt dich, ähnlich einem Ritualplatz, in eine höhere Grundschwingung.

Wie läuft ein Intuitions-Übungskreis ab?

Ein Zirkel sollte nicht länger als 60 bis 90 Minuten dauern, um die Energie hochzuhalten. Als oberstes Prinzip gilt: Während des Zirkels gibt es keine Diskussionen, Besprechungen oder persönliche Gespräche. Dafür muss der Zirkelleiter konsequent sorgen.

Ihr stellt Stühle in Kreisform auf, und jeder setzt sich auf einen davon, bei einem geschlossenen Zirkel möglichst immer auf denselben. Man prüft, ob man gut sitzt. Wer das Gefühl hat, woanders sitzen zu müssen, tauscht den Platz. Wenn alle fündig geworden sind, nimmt man sich an den Händen. Alle schließen für einen Moment die Augen, und der Zirkelleiter eröffnet den Zirkel in eigenen Worten. Er bedankt sich für die Inspiration, für die Freude, bittet um Unterstützung, um Offenheit und sagt dann: »Hiermit eröffne ich den heutigen Zirkel.«

Hier ein paar Beispiele für Zirkel-Eröffnungen:

»Ich bitte Vater / Mutter Gott, Mutter Maria, alle Erzengel, Engel und spirituellen Führer von hoher Frequenz zu uns zu treten, uns bei diesem Zirkel zu unterstützen und Eingebung zu geben, zu inspirieren und durch uns zu wirken, damit die bestmögliche Heilung und Bewusstseinsentwicklung für alle Teilnehmenden entstehen kann. Hiermit eröffne ich den heutigen Zirkel.«

»Ich bitte für den heutigen Zirkel um Inspiration, Eingebung, Freude, Heilung, Ehrlichkeit, Aufmerksamkeit und Offenheit. Hiermit eröffne ich den heutigen Zirkel.«

»Möge dieser Zirkel uns alle inspirieren. Hiermit ist der Zirkel geöffnet.«

Du wirst deine eigenen Worte finden. Vertraue auf deine Fähigkeiten, und lass dich inspirieren.

Nach der Eröffnung gibt es eine kurze Meditation, damit alle Teilnehmer aus dem Alltag aussteigen können. Der Zirkelleiter leitet sie an, oder man nimmt eine Meditations-CD zu Hilfe. Dann folgen 45 bis 60 Minuten intuitive Übungen, die der Zirkelleiter sich vorab überlegt hat. Einige findest du hier im Übungskapitel. Dabei sind der Fantasie keine Grenzen gesetzt. Auch hier leitet der Zirkelleiter die Übungen an und sorgt dafür, dass jeder dieselbe Zeit bekommt und dass sich eine Übung nicht in die Länge zieht. Der Zirkelleiter nimmt an den Übungen, bei denen es von der Übungskonstellation her möglich ist, selbst teil.

Nach etwa 60 bis 90 Minuten, wenn alle Übungen abgeschlossen sind, nehmen sich alle Teilnehmer wieder an den Händen, schließen die Augen, und der Zirkelleiter schließt den Zirkel, indem er sich bedankt. Danach können alle Befindlichkeiten, die es geben mag, besprochen und persönliche Gespräche geführt werden.

Hier ein paar Beispiele für Zirkel-Schließungen:

»Ich bedanke mich für die Inspiration, den Spaß, die Freude, die Eingebungen, die wir bei dem heutigen Zirkel hatten. Hiermit schließe ich den heutigen Zirkel.«
»Ich bedanke mich bei der geistigen Welt für die Unterstützung. Für all unsere Erfahrungen, die wir heute machen durften. Hiermit schließe ich den Zirkel.«

Lass dich auch hierbei wieder inspirieren. Du kannst nichts falsch machen. Wichtig ist dabei nur, den Zirkel laut mit entsprechenden Worten zu öffnen und wieder zu schließen. Alles andere geschieht nach Gefühl.

Ich durfte mit meinem Zirkel viele außergewöhnliche Erfahrungen machen und echte Fortschritte damit erzielen. Es ist großartig, regelmäßig mit Menschen zu trainieren, sich zu motivieren und gemeinsam in der Entwicklung weiter-zukommen. Ich möchte dich daher dazu animieren, deine eigene Übungsgruppe zu gründen. Solltest du im Moment nicht wissen, welche Menschen in deiner Umgebung daran interessiert wären, dann komme zu einem meiner Seminare, das in deiner Nähe stattfindet; bei diesen Gelegenheiten sind schon viele Übungszirkel entstanden. Oder schau auf meine Internetseite: www.intuition.community

Dort findest du Menschen in deiner Nähe, die sich bereits in einem Intuitionszirkel zusammenfinden oder an einer Neugründung interessiert sind.

Übungen, um Ja-/Nein-Antworten zu bekommen

Übung: Weite – Enge
Was du brauchst: nur dich

Die für mich stärkste und immer funktionierende Methode, mit Intuition zu arbeiten, ist das Fühlen der Weite oder der Enge in meinem Brustbereich oder im Bereich des Solarplexus. Du kennst sicher dieses einengende oder einschnürende Gefühl von »es fühlt sich nicht richtig an«, das manchmal aufkommt, wenn du vor einer Entscheidung stehst. Dies ist ein Zeichen deiner Intuition, die dir zeigen will, dass dieser Weg unter Umständen nicht stimmig ist. Oder wenn du eine Entscheidung treffen wolltest, hat es sich manchmal angefühlt, als ob es in deinem Brustbereich frei, offen und fließend war. Auch das war ein Zeichen deiner Intuition, um dir mitzuteilen, dass dieser Weg stimmig für dich ist.

Doch bisher hast du nicht bewusst damit gearbeitet, sondern dieses Gefühl kam ab und zu auf, und dann auch wieder nicht. Ich möchte dir zeigen, wie du immer aktiv mit dieser Methode arbeiten kannst und sofort die für dich optimalen Entscheidungen treffen wirst. Vor allem ist sie für Menschen geeignet, die intensiv fühlen und Veränderungen in ihrem Körper gut spüren können. Für Menschen, deren Haupthellsinn die Hellfühligkeit ist.

Du beginnst mit den ersten beiden Punkten des 5-Schritte-Programms, der Einstimmung und der Frage, die du hast. Dann richtest du bewusst den Fokus auf deinen Brustbereich oder in die Gegend des Solarplexus, indem du dort die Hand auflegst. Ich nenne es hier bewusst die Gegend des Solarplexus, die Stelle oberhalb deines Nabels, denn hier ist bei jedem Menschen ein enormes energetisches Kraftzentrum. Und für viele ist es leicht, dort Veränderungen zu spüren. Probiere aus, was für dich besser passt. Dann sagst du innerlich zu dir: »Meine Intuition gibt mir durch diese Stelle die Antwort auf meine Frage.«

Um dich mit dieser Methode vertraut zu machen, verwende eine Aussage, bei der du das Ergebnis oder die Richtigkeit sofort überprüfen kannst. Bitte keine lebensbeeinflussenden Fragen direkt am Anfang stellen. Eine Aussage könnte sein: »Heute sind Briefe in meinem Briefkasten.« Und dann fühle und spüre im Brust- oder Solarplexus-Bereich, je nachdem, welchen du vorab gewählt hast, was sich dort vom Gefühl her verändert. Wenn du magst, schließe dazu deine Augen. Bekommst du ein of-

fenes, weites Gefühl, oder verspürst du Druck oder Enge? Ein offenes Gefühl steht für die Wahrheit der Aussage, ein einengendes Gefühl, dass diese falsch ist. Dann überprüfe deine Antwort, sobald das Ergebnis feststeht. Du kannst auch einen Schritt weiter gehen und dein Ergebnis spezifizieren: »Es ist heute eine Urlaubspostkarte in meinem Briefkasten, oder es sind zwei Briefe darin. Beide Sendungen sind Rechnungen.« So lange, bis du genau weißt, was in deinem Postkasten liegt. Dann überprüfe dein Ergebnis.

Dasselbe kannst du mit deinen Emails machen. Schließe das Programm immer wieder und überprüfe mit deiner Intuition alle zehn Minuten, ob du eine Mail bekommen hast und, wenn ja, von wem.

Das kannst du mit weiteren banalen Fragen ausprobieren, sodass du immer mehr Vertrauen zu deiner Intuition bekommst und dir der Unterschied der beiden Gefühlsausdrücke bewusst wird.

Bei dieser Übung wird es dir schnell gelingen, einen Zugang zu deiner Intuition zu bekommen. Es ist möglich, dass du trotzdem, vor allem am Anfang des Trainings, immer mal wieder falschliegst. Vielleicht, weil du eine Antwort in eine bestimmte Richtung lenken möchtest oder weil deine Gedanken noch nicht ganz frei sind. Irgendwann wirst du die Methode nicht mehr brauchen und bei jeder Entscheidung, wenn du sie bewusst aus dem Herzen triffst, automatisch ein Gefühl dafür haben. Du wirst kleinste Nuancen wahrnehmen, denn du bist für deine Intuition jetzt immer auf Empfangsmodus.

Übung: Die Intuitionsampel – Intuition Traffic Light
Was du brauchst: nur dich

Die Intuitionsampel ist eine weitere Methode, um schnell mit deiner Intuition arbeiten zu können und eine Antwort deines Herzens zu bekommen. Sie ist für Menschen geeignet, die eher visuell programmiert sind und denen es leichtfällt, sich Bilder vorzustellen. Menschen, deren Haupthellsinn das Hellsehen ist. Ich habe die Intuitionsampel von einem meiner Lehrer gelernt und möchte sie dir hier weitergeben, denn ich arbeite gern damit. Sie dient dazu, eine für dich optimale Entscheidung zu treffen oder den besten Weg für dich herauszufinden. Voraussetzung ist, dass es bereits mögliche Entscheidungsoptionen zu deiner Frage gibt oder du dir verschiedene Optionen schaffst.

Du könntest beim Wandern in den Bergen vor einer Weggabelung stehen, weißt nicht, wo es langgeht, und möchtest wissen, welcher der Wege dich zum Berggasthof führt: der linke oder der rechte? Das sind zwei verschiedene Entscheidungsoptionen.

Oder du suchst einen Job und hast in der Zeitung zehn Inserate (Optionen) gesehen, die auf deine Beschreibung passen. Letztendlich gehst du mit der Intuitionsampel alle durch und fühlst, dass dann nur ein Jobangebot übrig bleibt. Statt dich nun auf alle zehn Inserate zu bewerben, brauchst du dies dann nur noch für dieses eine zu tun. Du weißt, dass das deine Stelle ist.

Wie funktioniert die Intuitionsampel?

Schließe für einen Moment die Augen, und stelle dir eine Ampel vor, die drei Lichter besitzt: ein rotes, ein gelbes und ein grünes. Sieh genau hin, an welcher Stelle sich welches Licht befindet. Ist das rote unten, oben oder in der Mitte? Wo befindet sich das gelbe und wo das grüne? Kreiere die Ampel, so wie du möchtest. Wenn du das Gefühl hast, sie ist fertig, dann sage dir im Geiste:»Das ist meine Intuitionsampel«, und öffne wieder deine Augen. Bei deiner Intuitionsampel bedeutet die Farbe Rot: Stopp, nicht dieser Weg, falsch. Grün steht für: Gehe diesen Weg, ja! Und Gelb: Achtung, aufpassen, etwas ist hier nicht stimmig und sollte noch mal verändert oder überprüft werden.

Schließe deine Augen, stelle dir deine Ampel vor deinem geistigen Auge vor. Teste die Intuitionsampel, indem du dich mit einem anderen Vornamen vorstellst. In meinem Fall wäre das:»Ich heiße Manuela.« Jetzt werde dir innerlich gewahr, welches Licht brennt. Es sollte das rote sein. Sage dann deinen richtigen Namen, und überprüfe erneut die Ampel. Es sollte nun das grüne Licht brennen.

Nimm drei gleiche Tassen. Fülle eine mit etwas Wasser, die anderen beiden nicht. Lege auf die Tassen einen kleinen Teller, damit du nicht mehr hineinschauen kannst. Vertausche die Tassen, oder lass sie von jemandem vertauschen, sodass du nicht mehr weißt, in welcher sich das Wasser befindet. Stelle nun die Frage:»Welche Tasse enthält Wasser?«, und umschließe mit beiden Händen eine Tasse nach der anderen. Schließe deine Augen und schau nach, wo das grüne Licht leuchtet. Überprüfe dein Ergebnis.

Möglicherweise fällt es dir anfangs schwer, deine Intuitionsampel wahrzunehmen, aber das ist alles nur eine Frage des Trainings. Hier gilt es, Beständigkeit zu zeigen, Geduld zu haben und darauf zu vertrauen, dass deine Visualisierung trainiert und so von Mal zu Mal besser wird.

Es kann sein, dass du manchmal gar kein Ergebnis erhältst.
Dann ist das völlig in Ordnung und heißt nur, dass du zum
jetzigen Zeitpunkt keine Entscheidung treffen oder aber
eine Pause einlegen sollst, weil du vielleicht zu sehr etwas
erwartest.

Ich möchte hier noch mal auf das wichtigste Grundprinzip
der Intuition eingehen, die Erwartungslosigkeit.

Du wirst dich jetzt fragen, was das gelbe Licht genau be-
deutet und wann es zum Einsatz kommt. Das gelbe Licht
auf meiner Intuitionsampel heißt, dass es hier etwas zu
beachten gilt oder dass es eine andere Möglichkeit gibt
und ich die Optionen noch mal verändern oder eine wei-
tere einbauen soll. In Kurzform: Überprüfe und verändere
so lange, bis du wortwörtlich grünes Licht erhältst. Die
Intuitionsampel ist ein schneller Weg, um eine klare Ent-
scheidung zu bekommen.

Übung:
Wahrheitszettel – Zettelaufstellung – Truth-Constellation
Was du brauchst: mehrere Blatt Papier

Eine weitere Möglichkeit und Methode, schnell mit deiner
Intuition arbeiten zu können, sind die Wahrheitszettel.
Dabei handelt es sich um Notizblätter, auf denen du die
verschiedenen Antwortmöglichkeiten aufschreibst und
diese dann durch deine Hellsinne überprüfst. Hier erwei-
tern wir ein wenig die Weit-eng-Methode mit unseren
anderen Hellsinnen. Du bekommst nicht nur eine Ja- oder
Nein-Antwort, sondern tauchst tiefer in die Details der
einzelnen Möglichkeiten ein. Je fortgeschrittener du bist,

desto detailliertere Botschaften bekommst du. Diese Methode bedient sich aus Elementen der Familienaufstellung nach Hellinger.

Ich arbeite gern mit dieser Methode. Der Verlag für dieses Buch wurde damit entschieden. Denn es hatten sich drei große Verlage, später noch ein weiterer, gemeldet, um mit mir ein Buch herauszubringen.

Ich stand vor einer durchaus herausfordernden Entscheidung, denn wer hat schon die Möglichkeit, sich für sein Erstlingswerk einen Verlag aussuchen zu können? Wo sollte ich mein Werk veröffentlichen?

Zunächst habe ich mich mit den Verlagen beschäftigt und geschaut, welcher Autor welches Buch wo herausgebracht hat. Wo sind bekannte Autoren, und wer hat sich auf welche Themen spezialisiert? Dann kamen Stimmen von außen dazu: »Du musst dort dein Buch herausbringen, denn dort hat der und der sein Buch veröffentlicht.« Das hat mich alles nur verwirrt. Schließlich habe ich die drei Verlage mit den Wahrheitszetteln aufgestellt und gespürt, was sich für meine jetzige Situation am stimmigsten und von »Oben« gewollt, im Flow, anfühlte.

Dabei kam der Verlag heraus, in dessen Buch du heute liest.

Weil ich es aber wissen wollte, habe ich es dann drei Tage später nochmals überprüft, und ja, es war wieder dieser Verlag. Da es dann doch eine große Entscheidung war, habe ich zusätzlich die Intuitionsampel eingesetzt, die Verlage wieder auf Zettel geschrieben und diese vermischt, damit ich nicht wusste, wo welcher Name draufsteht. Tja, und das grüne Licht fiel wieder auf diesen Verlag, womit es dann eindeutig war.

Wie es funktioniert?

Du schreibst auf mehrere gleich aussehende Blätter jeweils eine Antwort bzw. Möglichkeit deiner Frage. Du kannst mit mindestens zwei bis maximal vier Zetteln arbeiten. Mehr würde ich für den Anfang nicht nehmen, sonst wird es unübersichtlich. Auf einen der Zettel schreibst du »Anderes«, was deine anderen bzw. weiteren Antwortmöglichkeiten beinhaltet. Dieses »Anderes« lässt alternative Wege offen, die für deinen Verstand im Moment gar nicht sichtbar sind, weil er sich beschränkt. Denn vielleicht befindet sich deine Herzens-Antwort noch gar nicht unter den Möglichkeiten, die du aufgeschrieben hast. Falte dann die Zettel zusammen, und mische sie, sodass du nicht mehr weißt, was auf welchem Zettel steht. Du verteilst die Zettel auf dem Boden nebeneinander mit einem Abstand von mindestens zwei Handflächen, sodass du dich auf einen Zettel stellen kannst, ohne einen anderen zu berühren. Dann führst du Punkt 1 des 5-Schritte-Programms durch und kommst in die Ruhe.

Du fokussierst dich auf deine Frage.

Stelle dich auf den ersten Zettel, und fühle, was du wahrnimmst. Spüre, ob es sich weit oder eng anfühlt und welche Bilder dir kommen. Fühlst du dich wohl auf diesem Platz? Spüre in deinen Körper hinein, ob du fest auf dem Boden stehst oder ob du hin und her schwankst. Spüre, ob du dich angebunden nach oben und unten fühlst. Nimm alle kleinen Details wahr.

Es ist hilfreich, diese Übung mit jemand anderem zu machen, der, wenn du alle Dinge laut aussprichst, mitschreibt. Hast du das Gefühl, alles sei gesagt, stellst du dich auf den nächsten Zettel und machst genau dasselbe. So gehst du sämtliche Zettel durch. Wenn du das Gefühl hast, erneut in den ein oder anderen Zettel hineinspüren zu wollen, stelle dich noch einmal darauf. Manchmal hilft es, sich umzudrehen, die Stehrichtung zu verändern und sich anders auf einen Zettel zu stellen.

Dann triff eine Entscheidung, an welcher Position du dich am stimmigsten gefühlt hast. Wenn du dich zwischen zweien nicht entscheiden kannst, setze noch mal die Intention, was jetzt für dich ansteht, und stelle dich erneut auf die Zettel. Wenn du dich auch dann nicht entscheiden kannst, mag eine Mischung aus beiden gelten. Aber das kommt selten vor.

Meistens ist es unser Ego, unsere Angst, die dazwischenfunkt und meint: Oh, jetzt wird es ernst. Jetzt musst du Mut haben und die Verantwortung für einen Weg übernehmen. Lasse dich davon nicht abhalten, und geh nochmals in die Ausrichtung und erkenne, dass es in deiner Wahrhaftigkeit niemals eine Entscheidung gibt, sondern immer nur einen Herzensweg.

Drehe nun die Zettel um, und begegne dem aus deinem Herzen gewählten Weg, ohne ihn zu bewerten. Betrachte ihn und alle anderen Antworten, und fühle, was sie während der Übung in dir ausgelöst haben.

Solltest du den Weg »Anderes« gewählt haben, fühle, welche Bilder dir gekommen sind, als du auf dem Feld standst. Unter Umständen ergibt sich schon dahingehend eine Antwort. Falls nicht, dann schreibe intuitiv weitere Möglichkeiten auf, die Freude in dir auslösen. Vergiss dabei den Zettel mit »Anderes« nicht, und wiederhole die Übung so lange, bis du eine klare Antwort bekommen hast. Mach dir aber keinen Stress mit der Antwort, eventuell braucht es noch etwas Zeit für eine Entscheidung, weil dein Höheres Selbst weiß, dass du im Moment nicht den Mut aufbringen würdest, diesen Schritt zu gehen.

Du kannst zusätzlich kurz deine Intuitionsampel verwenden und fragen, ob jetzt der richtige Zeitpunkt gekommen ist, eine Entscheidung zu treffen. Wenn das grüne Licht brennt, dann mach weiter, wenn das rote Licht brennt, dann verschiebe es auf später oder auf den nächsten Tag, und tu dir was Gutes für dein inneres Wohlbefinden. Wenn es gelb leuchtet, solltest du die äußeren oder inneren Umstände verändern, während du die Methode durchführst. Etwas ist nicht stimmig, es mag zu viel Druck deinerseits da sein, und du solltest noch einmal mit einer größeren Erwartungslosigkeit und Neutralität in die Übung einsteigen. Oder der Partner, mit dem du die Übung machst, ist nicht adäquat. Stehst du unter Zeitdruck? Überprüfe alles, und wiederhole dann die Übung, oder verschiebe sie auf später.

Übung: Körperpendel
Was du brauchst: nur dich, Körperbewusstsein

Der Vorteil dieser Technik ist, dass du ein schnelles Ergebnis erzielst, das du unauffällig, ohne dass es jemand mitbekommt, überall anwenden kannst.
Stelle dich aufrecht hin. Bringe dich wieder in einen Neutralitätszustand und ins Hier und Jetzt. Programmiere dein Unterbewusstsein, wie bei der Wahrheitsampel, so,

dass ein leichtes Kippen des Körpers nach vorne ein »Ja« bedeutet, ein Kippen nach hinten ein »Nein«. Probiere es mit deinem richtigen Namen und mit einem falschen aus. Eiche dein Körperpendel. Spüre in deinen Körper hinein, setze deine Intention, deine Frage, und lasse dich von deinem Körper-Geist-Bewusstsein führen. Anders als bei der Weit-eng-Übung und der Intuitionsampel, wird hier dein Körperbewusstsein mit einbezogen. Deshalb eignet sich diese Übung vor allem, um Dinge in Bezug auf deinen Körper auszutesten oder zu beantworten.

Nimm im Supermarkt einen Bioapfel in die Hand, oder lege ihn an deinen Solarplexus, etwas oberhalb vom Bauchnabel. Fühle, ob er deinem Körper guttut, ob du die Vitamine und Mineralstoffe brauchst. Dann nimm eine Orange, und lass deine Intuition dahingehend sprechen. Nimm als Nächstes eine Packung Chips, und schau, wie dein Pendel dann ausschlägt. Oder teste es mit pflanzlichen Arzneien, Bachblüten, homöopathischen Mitteln, Sportarten und Behandlungen.

Übungen allein – Alltagsübungen

Alle folgenden Übungen kannst du leicht allein praktizieren, teilweise im Alltag, teilweise in deiner Intuitions-Übungseinheit, die du fest in deinen Tag eingeplant hast.

Wenn du erst anfängst, deine Intuition zu trainieren, solltest du, um Antwort auf eine Frage zu bekommen, keine weltbewegenden Fragen stellen, sondern mit alltäglichen oder nicht so schwerwiegenden Dingen beginnen. Versuche, bei den Übungen stets Objekte zu nehmen, die du schnell auf ihre Richtigkeit prüfen kannst. Zum Beispiel, welche Kleidung deine Kollegin in der Arbeit heute trägt, statt, ob du in zwei Jahren noch in dieselbe Kleidergröße hineinpasst. Führe die Übungen mit Leichtigkeit als deiner Grundstimmung aus. Wenn du danebenliegst, dann spüre noch mal in den Moment der Wahrnehmung hinein. Vielleicht war die Antwort da, wurde aber von deinen Gedanken übertönt. Spüre hinein, wie du dich gefühlt hast, als du deine Intuition empfangen hast, und ob du etwas anderes gespürt hast, dies aber womöglich falsch interpretiert hast. Dann fahr einfach mit der Übung fort. Selbst jedes große Medium und jeder noch so großartige Prophet liegt mal falsch.

Wichtig ist, dass du für optimale Trainingsergebnisse bei jeder dieser Übungen den 5-Schritte-Plan mit einbeziehst und nicht durch die Übungen hetzt. Am Anfang wirst du vielleicht mehr Zeit dafür brauchen – nimm sie dir. Gehe alle Schritte der Reihe nach durch. Dadurch wirst du bessere Ergebnisse erzielen, und dein Vertrauen in deine Intuition, in dich selbst wird gestärkt. So wird es zunehmend leichter, deinen Alltag nach deiner Intuition auszurichten. Denn das ist das Ziel. Wenn du länger trainiert hast, wirst du merken, dass die Schritte ganz automatisch ablaufen. Mache alle Übungen mit Freude, ohne Druck und Erwartungen, und lasse auch gern noch andere Menschen daran teilhaben.

Übung: Farbtafeln
Was du brauchst: buntes Papier, Briefumschläge

Diese Übung ist eine meiner Lieblingsübungen, und ich bin mittlerweile vortrefflich darin. Es geht darum, die Farben intuitiv durch einen Briefumschlag wahrzunehmen. Dazu nimmst du buntes Tonpapier und schneidest von den Farben Rot, Blau, Gelb, Grün, Braun so große Stücke ab, dass sie in einen Briefumschlag passen. Sie sollten ungefähr gleich groß sein. Am Anfang ist zu empfehlen, mit nur fünf Farben zu beginnen. Je weiter fortgeschritten du bist, desto mehr Farben kannst du hinzunehmen, etwa Rosa, Lila, Schwarz, Hellgrün, Dunkelgrün. Stecke jeweils einen Farbabschnitt in ein Kuvert, und verschließe es, indem du die hintere Lasche in das Kuvert steckst, sodass man es immer wieder öffnen kann. Du hast jetzt fünf verschiedene Umschläge mit je einer Farbe darin. Mische sie so, dass du nicht weißt und siehst, welche Farbe sich in welchem Umschlag befindet. Gehe dann wieder Schritt 1 durch, und komm in einen neutralen Zustand. Nimm eines der Kuverts in deine Hand oder halte sie alternativ an deinen Solarplexus oder dein drittes Auge. Deine Frage bei Schritt 2 lautet: Welche Farbe befindet sich in diesem Kuvert? Fühle, was du wahrnimmst. Welche Bilder kommen dir, welche Farbe wird dir gesagt, oder welche Farbe siehst du vor deinem geistigen Auge? Öffne dein Kuvert, und du kannst sofort wahrnehmen, ob du richtiglagst. Diese Übung trainiert dich generell in der Wahrnehmung der Farben und der Aura des Energiefeldes anderer Lebewesen.

Diese Übung ist auch ein tolles Party-Spiel und ausgezeichnet geeignet, um sie mit Kindern zu machen. Meine Kinder lieben es.

Übung: Wie sieht die Person aus?

Was du brauchst: nur dich

Diese Übung ist eine effektvolle Alltagsübung, die du auf viele Situationen mit Menschen anwenden kannst. Wenn du das Interesse hast, Coach zu werden oder als Berater zu arbeiten, schult sie deinen Blick auf Menschen. Solltest du mit anderen zusammenarbeiten, dann fühle, bevor du ins Büro oder zu deiner Arbeitsstelle gehst, welche Kleidung deine Kollegin heute trägt. Wenn du Besuch erwartest, dann fühle, wie der Besuch heute gekleidet ist. Solltest du jemanden noch gar nicht kennen und du kommst zum ersten Mal an einen neuen Ort, dann fühle und spüre, wie diese Person aussieht. Welche Haarfarbe und Augenfarbe sie hat, welche Frisur sie trägt. Ob sie schlank oder eher nicht so schlank ist. Es gibt jeden Tag unendlich viele Situationen, in denen du deine Intuition in Bezug auf Menschenwahrnehmung trainieren kannst.

Du fokussierst dich auf eine Person, von der du vorab wissen möchtest, welche Kleidung sie heute trägt. Es sollte jemand sein, der nicht jeden Tag dasselbe trägt, wie eine Uniform oder das graue Kostüm. Dann gehst du in den neutralen Zustand von Schritt 1, richtest den Fokus auf die Person und fragst deine Intuition: »Welche Farben trägt diese Person heute?«

Schau, welche Farben du mittels deines geistigen Auges siehst. Sollten es mehrere sein, nimm sie an. Wenn du konkreter werden möchtest, dann frage: »Was ist die Hauptfarbe seiner Kleidung?«, »Trägt sie heute Rock, Hose oder Kleid?« Achte darauf, was du fühlst oder siehst. Nimmst du deine eigene Hose bewusster wahr, als

Zeichen deiner Intuition? Oder fühlt sie sich flatterig an, als ob ein Kleid an deine Beine schlägt? Vielleicht nimmst du es klar als Bild wahr. Lass dich von deiner Intuition führen, und frage weiter, ob etwas auf ihren Kleidungsstücken aufgedruckt oder aufgenäht ist, etwa ein Bild. Welche Frisur hat sie? Ob er heute eine Brille trägt oder die Kontaktlinsen?

Schreibe alle deine Wahrnehmungen in dein Intuitions-Trainingsbuch, damit du nachher, wenn du dem Menschen gegenüberstehst, überprüfen kannst, was gestimmt hat.

Du kannst hier auch prima eine der Ja-Nein-Methoden ausprobieren, indem du gezielte Fragen stellst, wie: »Trägt die Person heute eine Hose? Enthält ihre Kleidung die Farbe Blau? Enthält ihre Kleidung die Farbe Rot? Ist sie bunt?« Hier hast du viele verschiedene Möglichkeiten, den anderen Menschen äußerlich wahrzunehmen.

Übung: Persönlichkeits-Check
Was du brauchst: nur dich

Hier dreht es sich, wie bei der Übung zuvor, nicht um das äußere Erscheinungsbild eines Menschen, sondern um dessen Persönlichkeit, Ehrlichkeit und den Seins-Zustand. Du kannst bei einem für dich fremden Menschen vorab »erfühlen«, was hilfreich ist, wenn du beispielsweise jemanden bei einem Vorstellungsgespräch einstellen möchtest. Umgekehrt kannst du, wenn du dich selbst für einen Job bewirbst, dein Vorstellungsgespräch verfeinern und intuitiv wahrnehmen, was der Arbeitgeber für ein Mensch ist. Du kannst erspüren, ob die Arbeit überhaupt stimmig *für dich ist, und dich auf Situationen, die mit anderen Menschen zu tun haben, besser einstellen. Verbinde dich wieder mit dem Menschen, und stelle Fragen. Sagt die Person XY die Wahrheit? Ist sie ein fröhlicher Mensch? Oder falls du die Person schon kennst, frage, wie es ihr heute geht. Sehr gut lässt sich die Übung auch durchführen, wenn du mit einem Menschen am Telefon sprichst und seine Stimme wahrnimmst. Denn durch die Stimme kann man eine Menge erspüren. Lass dich von der Vibration der Worte inspirieren.*

Übung: Anruf-Check
Was du brauchst: (Mobil-)Telefon

Diese Übung habe ich oben bereits erklärt, gehe aber hier in ihren verschiedenen Varianten noch einmal darauf ein. Du brauchst dein Handy dazu. Schalte es während des Tages immer wieder auf Flugmodus oder lautlos. Ich bevorzuge den Flugmodus, denn da sehe ich auch kein Blinken, wenn es neben meinem Schreibtisch liegt, und ich bekomme weniger Strahlung ab. Generell möchte ich dir ans Herz legen, dir immer wieder Handy-Auszeiten zu gönnen. Dies wird dir helfen, mehr im Moment zu sein, weil du weißt, dass es keine Möglichkeit gibt, dich zu stören. So wirst du nicht aus Arbeitsprozessen, kreativen Prozessen, Auszeiten oder Meditationen herausgerissen. Lass dir von deinem Handy nichts diktieren, sondern bestimme du, wann du bereit bist, Energie und Präsenz mit anderen zu teilen und wann nicht. Selbst im Job ist das eine gangbare Variante, Stress zu reduzieren. Außerdem kannst du vorzügliche intuitive Übungen damit machen. Wenn du dein Handy eine Zeit lang ausgestellt hast, kannst du, bevor du es einschaltest, fühlen, ob in der Zwischenzeit jemand angerufen hat. Falls du das Handy nicht ausschalten kannst, dann versuche, wenn es klingelt, nicht gleich aufs Display zu schauen, sondern erst mal kurz zu fühlen, wer dran ist. Grundvoraussetzung ist logischerweise, dass du keinen Anruf erwartest.

Übung: Psychometrie
Übung allein oder mit Partner
Was du brauchst: Gegenstand

Bei dieser Übung kommen wir auf die Psychometrie, das Erfühlen von Energie aus Gegenständen, zurück. Du kannst diese Übung entweder allein machen, zu zweit oder noch besser auch in deinen Übungszirkel einbauen. Wenn du die Übung allein machst, nimm einen Gegenstand von einer anderen Person, über die du keine Informationen hast. Am besten kennst du sie vorher gar nicht. Wichtig ist aber, dass du als Übungszweck sofort oder später Feedback bekommst, ob die Dinge, die du wahrnimmst, stimmen. Halte das zu lesende Objekt in deiner Hand, und öffne dich, um intuitiv Informationen zu bekommen. Stelle als Intention Informationen über diesen Gegenstand und den Besitzer zu bekommen. Fühle, was du wahrnimmst, und notiere es in dein Intuitions-Trainingsbuch. Wenn du Botschaften erhältst, aber nichts damit anfangen kannst, frage, was sie zu bedeuten haben. Frage gezielt: »Ist der Gegenstand dem Besitzer geschenkt worden? Falls ja, wer *hat dem Besitzer diesen Gegenstand geschenkt? War es eine Frau oder ein Mann? Welche Beziehung hatte die Person zu dem Besitzer des Gegenstandes? War es ein Fremder, jemand aus der Familie, der Ehemann oder die Ehefrau? Woher stammt der Gegenstand? Welche Potenziale hat der Besitzer des Gegenstandes?« Wenn du fertig bist, bitte um Feedback vom Besitzer. Notiere deine Erfahrung in deinem Übungsbuch.*

Übung: intuitives, inspiriertes Schreiben
Übung allein
Was du brauchst: Intuitionstagebuch, Zettel, Stift

Diese Übung lässt dich automatisch Zugang zu deinem Herzen bekommen, während dabei häufig auch verborgene Potenziale oder unbewusste Sehnsüchte aufgedeckt werden. Verbinde dich mit deiner höheren Quelle. Dann nimm Zettel und Stift, und lass es, ohne Druck, etwas Großartiges schreiben zu müssen, fließen. Es muss keinen Sinn ergeben, denn wenn du während der Übung darüber nachdenkst, bist du schon nicht mehr im intuitiven Prozess. Diese Übung dient dazu, deine Intuition direkt in einen kreativen Ausdruck, in die Manifestation, zu bringen. Wenn du fertig bist, ist es am besten, wenn du das Geschriebene erst mal beiseitelegst und am nächsten Tag nachliest, damit du nicht ins Zensieren kommst.

Übung: Münze werfen
Übung allein
Was du brauchst: Geldstück

Wirf eine Münze, und versuche ohne zu schauen intuitiv wahrzunehmen, ob Kopf oder Zahl oben liegt.

Übung: Gefährliche Situation – intuitives Sprechen
Was du brauchst: Mut, Vertrauen

Wenn du schon etwas Vertrauen in deine intuitive Wahrnehmung entwickelt hast, kommt hier eine effektvolle Übung. Begib dich unvorbereitet in Situationen, die du vorher aus Angst, nicht gut genug zu sein oder zu versagen, vermieden hast.

Du möchtest schon lange eine Gehaltserhöhung, hast aber bisher nicht den Mut aufgebracht, deinen Chef darauf anzusprechen? Fühle vorher in ihn und die Situation hinein, sprich ihn an, und lass intuitiv deine Worte fließen, im Vertrauen, dass dein Herz spricht und sein Herz damit erreicht wird, dass dein Höheres Selbst die »richtigen« Worte schon finden wird. Man nennt dies intuitives oder inspiriertes Sprechen.

Wenn die Familienfeier mal wieder in Belanglosigkeit und unterdrücktem Groll versinkt, ergreife das Wort, und beginne mit dem Satz: »So können wir nicht weitermachen. Ich bitte euch ...«, und lass dich von deiner Inspiration leiten.

Du merkst, was ich meine? Das sind die Situationen, die wir versuchen zu vermeiden, damit wir uns jederzeit sicher fühlen. Aber durch deine Intuition kannst du sie bewältigen. Und wenn du dich freiwillig, in deiner Anbindung zur Quelle, in eine solche Situation begibst, wirst du merken, dass du sie überstehen kannst – und du wirst mehr und mehr Vertrauen in dich entwickeln.

Übungen: Was passiert als Nächstes?

Was du brauchst: nur dich

Hier gebe ich Impulse für weitere Alltagsübungen, die du jederzeit machen kannst und die wenig Zeit benötigen.

Schreib dir auch hier die Erfahrungen, die du machst, immer mal wieder in dein Intuitions-Übungsbuch.

– Welche Lieder werden im Radio gebracht? Langsames Lied, schnelles Lied? Welche Art von Lied?

– Wie viele Menschen stehen an der nächsten Bushaltestelle?

– Ist die Ampel nach der nächsten Kurve rot oder grün?

– Wie spät ist es? (Eine meiner Lieblingsübungen)

– Wie viele Minuten dauert es, bis die nächste U-Bahn, Straßenbahn oder der Bus kommt?

– Wie viele frisch gewaschene Gläser sind im Küchenschrank?

– *Wie viele Schmetterlinge sehe ich in der nächsten Stunde?*

– *Wie viele ungelesene E-Mails sind am Morgen in meinem Postfach?*

– *Welche Farbe und Marke hat das nächste Auto, das mir entgegenkommt?*

– *Ist der Zopf meiner Tochter, wenn ich sie aus dem Kindergarten abhole, heute noch geflochten oder wieder aufgegangen?*

Wie du siehst, sind die Übungsmöglichkeiten im Alltag nahezu unendlich. Mach deinen Alltag wieder spielerischer mit intuitiven Übungen.

Übungen für zwei oder mehrere Personen

Fast alle Übungen in diesem Teil des Buches eignen sich hervorragend, wenn du mit jemand anderem übst oder sie in deinen Zirkel integrierst. Wenn du nur zu zweit arbeiten willst, kann es entweder jemand sein, der selbst seine Intuition entwickeln möchte, oder du findest jemanden, der dich bei deinen intuitiven Übungen unterstützt, indem er dir als »Versuchskaninchen« dient. Wenn man mit anderen arbeitet, ist der Druck, etwas beweisen zu wollen, etwas zu können oder es »richtig« zu machen, oft groß. Probiere dieser Versuchung des Egos, dich weg von deiner Intuition zu bringen, zu widerstehen. Wenn du den Fokus auf das Spielerische und die

Freude legst, wird dir das leichter gelingen. Denn Freude und Spaß sind die Feinde deines Egos.

Ich verwende in den Übungen manchmal für den Üben-den den Begriff des Mediums und für den Übungspartner den Begriff des Klienten. Denn manche Übungssituationen glei-chen den Inhalten einer professionellen Beratung oder Sit-zung. Deshalb sind einige Ratschläge, die ich in den Übungen vorstelle, auch für Menschen von Interesse, die daraus ihre Berufung machen wollen.

Die Aufgabe des Übungspartners und Klienten

Bevor du loslegst, möchte ich ein paar Worte an deinen idea-len Übungspartner richten und vor allem an die Wichtigkeit des Feedbacks appellieren. Denn auch du wirst einmal ein Übungspartner oder Klient in den Übungen sein. Er oder sie übernimmt dabei eine wichtige Aufgabe, um das Vertrauen des Übenden zu stärken. Die Haltung des Übungspartners sollte offen sein, aufmerksam, gebend und gleichzeitig die Botschaften annehmend. Übe nur mit Menschen, die dir wohlgesinnt sind und das Interesse haben, dich zu fördern. Es soll in keiner Weise ein Klima der Prüfungssituation ent-stehen. Übender und Übungspartner sollen sich wohlfühlen. Damit du weißt, ob du richtig- oder falschliegst, brauchst du ein klares Feedback von deinem Gegenüber. Das gilt in der Arbeit zu zweit genauso wie in der Arbeit im Zirkel. Dein Übungspartner sollte dir, so wie später einmal dein Klient, vorab keine Informationen geben, damit du in keinerlei Hin-sicht beeinflusst wirst und sich dein Kopf nicht einmischt. Du bittest vorab deinen Übungspartner darum, dir laut und deutlich eine Rückmeldung zu geben, wenn du etwas ausgesprochen hast, was du wahrgenommen hast.

Er oder sie soll entweder mit einem »Ja« oder »Nein«, »Kann ich annehmen«, »Kann ich nicht annehmen«, »Verstehe ich« oder »Verstehe ich nicht« antworten. Nichts anderes. Keine zusätzlichen Informationen und erst mal kein Nachfragen. Dadurch kannst du sofort nachprüfen, ob deine Wahrnehmung stimmig ist, und bekommst gleichzeitig durch sein »Ja« das Vertrauen weiterzumachen, um mehr Informationen und Klarheit zu erhalten.

Bei einem »Nein« muss das nicht automatisch heißen, dass du falschliegst. Meine Lehrerin sagte damals: »Die Wahrnehmung ist immer richtig, nur die Interpretation ist falsch.« Deshalb möchte ich dir hier vier verschiedene Varianten mitgeben, was ein »Nein« als Feedback zu bedeuten hat.

1) Du hast ein Bild oder Gefühl empfangen, hast es aber falsch interpretiert und in Worte gefasst. Gehe noch einmal in dich, und verrate deinem Übungspartner nur das Ursprungsbild oder das Gefühl. Und frage, ob er damit etwas anfangen kann. Oder du fragst deine Intuition, was sie dir damit sagen möchte.

2) Du warst nicht fokussiert, hast dich weder angebunden noch an deiner inneren Quelle ausgerichtet. Meistens passiert das, wenn man ein Ergebnis unbewusst manipulieren möchte, weil man durch seine Gedanken und seine Erfahrungen glaubt, das wäre gut für den Klienten oder Übungspartner. Man stellt sich über den Willen Gottes oder seines Höheren Selbst. Sei dann ehrlich mit dir.

3) Dein Übungspartner kann sich nicht erinnern, oder das, was du wahrgenommen hast, fühlt sich im Moment nicht greifbar an. Meistens ist die Reaktion deines Gegen-

225

übers nicht ein »Nein« oder »Damit kann ich nichts anfangen«, sondern ein »Ich weiß nicht« oder »Kann ich gerade wenig damit anfangen«. Denn sein Überbewusstsein hat sich erkannt gefühlt, und sein Bewusstsein und Unterbewusstsein versuchen, sich dagegen aufzulehnen, oder sie denken in einem zu eingeschränkten Rahmen. Dieser Situation begegne ich oft in meinen Coachings.

Ein Beispiel aus der Praxis war die 54-jährige Barbara S. Ich begann mit dem Reading und sagte ihr einige Dinge, die sie ausnahmslos verstand. Dann sah ich als Potenzial das Trommeln. Ich hörte Trommelmusik und sah vor meinem geistigen Auge, wie sie auf eine größere Handtrommel schlug. Dazu nahm ich Wald wahr und fühlte zusätzlich ein Potenzial, mit Heilpflanzen umzugehen. Sie entgegnete mir, dass sie in der Stadt wohne, sich noch nie damit beschäftigt habe und nicht wirklich wisse, was sie mit Trommeln anfangen solle. Ich war verblüfft, meinte aber, es zunächst im Raum stehen zu lassen. Wir fuhren mit dem Reading fort. Irgendwann, fast gegen Ende, platzte es plötzlich aus ihr heraus. Sie erinnerte sich an eine Situation in ihrer Kindheit, in der ihre Mama sie zu einem mehrtägigen schamanischen Treffen mitgenommen hatte, bei dem getrommelt wurde. Sie erklärte mir, dort viel Spaß gehabt zu haben.

Dann erinnerte sie sich daran, dass sie sich an diesem Tag am Lagerfeuer, das Teil der Veranstaltung war, verbrannt hatte und ihr von einem Heiler verschiedene Kräuter auf die Wunde gelegt worden waren, sodass der Schmerz rasant nachließ. Am nächsten Tag war die Wunde fast verheilt. Sie war so fasziniert davon, dass sie daraufhin im Spiel ständig andere Kinder mit Gräsern und Pflanzen, die sie pflückte, verarzten wollte. Doch da das schon so lange zurücklag und sie seither nie wieder damit konfrontiert wurde, konnte sie sich nicht gleich daran erinnern. Erst unser Coaching begann etwas wieder in Bewegung zu bringen. Ungefähr ein Jahr später wurde mir auf Facebook eine Veranstaltung für ein Seminar zur Rückverbindung mit der Natur vorgeschlagen, mit Barbara als Veranstalterin. Auf dem Bild war sie mit einer Handtrommel abgebildet, so wie ich sie in meiner Sitzung wahrgenommen hatte. Ich musste schmunzeln.

4) Es könnte sein, dass sich bei deinem Klienten oder Übungspartner etwas sträubt, das Wahrgenommene gerade in diesem Moment anzunehmen. Oftmals passiert das, wenn man eine große Verletzung erlitten hat und der Klient nicht dazu bereit ist, den Schmerz zu fühlen. Die normale Reaktion des Egos ist es dann, sich dagegenzustellen und aufzulehnen. In diesem Fall gehe zum nächsten Punkt der Übung, oder versuche etwas anderes intuitiv wahrzunehmen.

Nachdem ich etwa ein Jahr als Medium und Trainerin in der Öffentlichkeit gearbeitet hatte, führte ich ein Reading mit Christian K., einem geschiedenen Rechtsanwalt, durch. Top gestylt und ausgesprochen korrekt, wenn auch Raum nehmend in seinem Auftreten, kam er auf Empfehlung eines Freundes zu mir, dem ich zuvor eine Beratung gegeben hatte. Ich nahm bei Christian sofort viele Dinge wahr und begann mit meiner Arbeit.

Einige Punkte benannte ich und fragte ihn, ob er etwas damit anfangen könne, was er mit einem knappen »Nein« beantwortete. Ich war erstaunt hinsichtlich meiner doch so starken Wahrnehmung und beschloss, es zunächst so stehen zu lassen. Ich ging zum nächsten Punkt über und erhielt ein erneutes »Nein«. Verblüfft und etwas irritiert erklärte ich ihm, kurz meine Augen zu schließen, um mich auf ihn einzustimmen.

Klar und deutlich erhielt ich die innerliche Botschaft, »deine Wahrnehmung stimmt, mach weiter«, und meine Ampel leuchtete grün. Ich fuhr mit einem anderen Thema fort, das ich ebenfalls vor mir sah. Nach einem erneuten »Nein« und zwei weiteren, die folgten, pendelte ich innerlich schließlich zwischen großer Frustration und es nicht glauben können. Letztendlich brach ich die Sitzung ab und sagte, er könne das Geld zurückhaben, worauf er sich nicht einlassen wollte. Dabei fiel mir auf, dass sein Verhalten sich geändert hatte und er sich nachdenklich von mir verabschiedete.

Ich war nach diesem Reading durch den Wind, verspürte Groll gegenüber meiner Intuition und konnte es nicht glauben, da mir etwas Vergleichbares noch nie passiert war. Gott sei Dank hatte ich eine Stunde später ein anderes Reading, bei dem meine Wahrnehmung wieder stimmte.

Zwei Wochen später kam eine E-Mail von Christian. Darin schrieb er, wie dankbar er für mein Reading sei und dass sich vieles von dem bei ihm gelöst habe, was ich erkannt hatte. Ich war erstaunt und schrieb zurück, warum er denn immer »Nein« gesagt und mich dadurch fast in eine kleine Krise gestürzt habe. Seine Antwort kam schnell, er erklärte mir, so fassungslos gewesen zu sein aufgrund der Richtigkeit meiner Aussagen, dass ihm das in diesem Augenblick zu wahr gewesen sei und er Angst gehabt habe, bei einem »Ja« noch mehr über sich erfahren zu müssen. Erleichtert konnte ich schmunzeln und mit einem kurzen Blick nach »Oben« entschuldigte ich mich für meine Kritik.

Wenn ein »Nein« kommt, kannst du deinem Übungspart

ner oder »Klienten« immer sagen: »Okay, dann lassen wir das erst mal so stehen.« Damit bleibt die Schwingung des Gesagten im Raum und kann wirken, ohne dass der eine oder andere falschliegt und die Energie heruntergezogen wird. Dann machst du am besten erst einmal mit einem neuen Thema weiter.

Was du bei den Übungen unbedingt beachten solltest

Ich komme jetzt zum wichtigsten Punkt bei allen Übungen: dem Vermitteln von Botschaften und Wahrnehmungen an dein Gegenüber. Ich spreche es an, da in unserer Gesellschaft die meisten von uns darauf programmiert sind, ausschließlich Fehler, Kritikpunkte und Negativität bei sich selbst und anderen zu sehen. Sie geizen geradezu mit Komplimenten, Motivationen und Gesten der Entfaltung für den anderen. Deshalb sollen alle Übungen stets potenzialorientiert und niemals geschmückt von irgendwelchen Horrorszenarien, mehrdeutigen Geschichten, Diagnosen oder aussichtslosen Situationen sein. Ein positiv übender Berater, Coach, Heiler, Medium oder helfender Freund und Familienmitglied zeichnet sich dahingehend aus, dass er nicht mit Angst arbeitet. Denn wer mit Angst arbeitet, übt Macht, Manipulation und Unterdrückung auf den anderen aus. Solltest du jemals eine Beratung haben, in der jemand eine große schwarze Wolke über dich hängen will, lauf schnell in Richtung Sonne davon.

Potenzialorientierung bringt Heilung auf allen Ebenen. Denn in jeder noch so ausweglosen Situation und in jedem

Schatten stecken auch eine große Kraft und ein großes Potenzial, die entdeckt werden möchten. Dies bedeutet nicht, dass du dir deine Schatten nicht anschauen und wahrnehmen sollst, um dann durch deine Bewusstheit darüber konkrete Schritte einzuleiten, die etwas verändern. Denn genau das ist deine Aufgabe hier auf Erden, um dir immer mehr deinen Himmel auf Erden zu kreieren.

Wenn du in Sitzungen die Aufmerksamkeit auf das Potenzial der Seele lenkst, das vielleicht noch versteckt oder nur zur Hälfte gelebt ist, kannst du in deinem Gegenüber eine Vision entstehen lassen. Eine Vorstellung, dass er seiner Berufung und seinen Talenten nachgehen und dadurch Freude, Lebenskraft und Mut verwirklichen kann. Indem du automatisch den Fokus deines Gegenübers auf sein höchstes Selbst lenkst, erfolgt die Umsetzung seiner Vision und seiner Kreativität stets in der Anbindung. Und dies hat immer etwas mit Schöpfertum zu tun. Mir fällt dazu ein wunderbares Zitat des französischen Schriftstellers Antoine de Saint-Exupéry ein:

»Wenn du ein Schiff bauen willst, dann trommle nicht Männer zusammen, um Holz zu beschaffen, Aufgaben zu vergeben und die Arbeit einzuteilen, sondern lehre sie die Sehnsucht nach dem weiten, endlosen Meer.«

Selbstverständlich kannst du, wenn du schon fortgeschrittener bist, auch ein nicht gelöstes Thema aufzeigen. Aber fokussiere dich dabei immer darauf, was für eine Kraft und Potenzial freigesetzt werden, wenn dieses gelöst wird. Sonst würdest du deinen Klienten im Regen stehen lassen. Deshalb ist das Lösen von Themen nicht deine Aufgabe. In Übungssituationen geht es nicht darum, jemanden zu therapieren. Das überlasse bitte den ausgebildeten Heilpraktikern, Heilern, Therapeuten und Ärzten. Vergiss nicht, es soll alles der Übung dienen, um gemeinsam Freude beim Training der Intuition zu erleben. Und vor allem wird dein Übungspartner motivierter und voller Freude sein, wenn du ihm seine Visionen und Stärken aufzeigst.

Hier nun einige ausgewählte Übungen:

Übung: das Fotokuvert
Was du brauchst: Kuvert, Foto von einer Person

Diese Übung dient dem Wahrnehmen von Menschen und baut auf zwei Teile auf. Du trainierst einerseits die Psychometrie, das Hellfühlen, und im zweiten Schritt das Hellsehen. Lass dir von jemandem ein Kuvert mit einem Foto darin geben, bei dem du nicht weißt, wer abgebildet ist. Derjenige, der dir das Foto gibt, sollte den Menschen aber kennen, um dir ein Feedback geben zu können. Der erste Schritt ist das Wahrnehmen des Menschen auf dem Bild, ohne dass du das Foto siehst. Halte dazu das Kuvert in deinen Händen, oder lege es auf deinen Solarplexus oder dein Stirn-Chakra, das dritte Auge. Der Fokus sollte auf die Person auf dem Foto gerichtet sein.

Was nimmst du über diese Person wahr?
Einige Anhaltspunkte können sein:
Welche Persönlichkeit hat dieser Mensch? Fühlt die Person sich männlich oder weiblich an? Jüngere oder ältere

*Person? Wie ist die Beziehung zu der Person? Familie –
Kind, Mutter, Vater, Großmutter, Schwester? Oder eher
Freund, Arbeitskollege? Welche Potenziale hat dieser
Mensch? Welche Themen spiegelt dieser Mensch für dei-
nen Übungspartner?*

*Dein Übungspartner soll dir direkt ein konkretes Feedback
geben mit »Ja«, »Nein«, »Verstehe ich«, »Verstehe ich
nicht«. Wenn du im Zirkel arbeitest, geht das Kuvert erst
mal reihum, und jeder sagt etwas dazu. Es gibt aber erst
am Ende ein Feedback.*

*Der zweite Teil dieser Übung ist optional und kann an den
ersten Teil angehängt werden. Das Foto wird aus dem
Kuvert genommen, und derjenige, dem das Foto gehört,
darf eine konkrete Frage über den Menschen auf dem
Foto stellen, die dann alle Übenden, oder eben der einzelne Übende, intuitiv beantworten sollen. Die Frage könnte
sein, wie dem Menschen zu helfen ist, was die nächsten
Schritte sind, wie er die Beziehung zu diesem Menschen
verbessern kann oder welche dessen Potenziale sind. Das
Foto kann nun angeschaut werden und geht dann wieder
reihum. Jeder sagt etwas dazu.*

*Wenn du in einem Zirkel bist, kann jeder ein Kuvert mit-
bringen und herumgehen lassen. Oftmals stecken wir in
Beziehungen zu anderen Menschen fest, aufgrund von
vorgefassten Meinungen, Kritikpunkten und Engstirnig-
keit. Da hilft es, Potenziale über den anderen gesagt zu
bekommen, sodass man wieder in die gegenseitige Wertschätzung kommt und dadurch Heilung und Vergebung
in der Beziehung entstehen können.*

Übung: erweiterte Kuvertübung
Partnerübung
Was du brauchst: Kuvert, Blatt Papier

Die Übung von oben ist auch auf andere spannende Bereiche anwendbar, indem du etwas überprüfen lässt. Hast du eine wichtige Entscheidung zu treffen, dann schreibe die Situation auf einen Zettel, ohne dass du für einen Weg schon vorab Partei ergreifst, und lass ihn von deinem Übungspartner wahrnehmen. Es kann sein, dass du einen Vertrag überprüfen lassen möchtest, ob du das Haus kaufen sollst, die Coaching-Ausbildung machen oder in eine andere Stadt ziehen solltest. Willst du den Geschäftsdeal tatsächlich eingehen? Den Varianten sind keine Grenzen gesetzt.

Schreibe auf den Zettel eine Frage, die dich beschäftigt, und fasse das Thema in einem oder zwei Wörtern zusammen, wie Hauskauf XY, Coaching-Ausbildung, Auswandern Mallorca, Deal mit Firma Z ... Du wirst erstaunt sein, wie großartig es ist, verschiedene Potenziale oder Möglichkeiten zu erfahren, die von den anderen aus dem Herzen kommen. Es wird dir deinen Herzensweg klarer werden lassen.

Übung: Namen sagen
Partnerübung
Was du brauchst: nur dich

Diese überzeugende Übung wird oft in Beratungen angewendet. Du schulst damit dein Hellhören in Bezug auf deinen Alltag. Wenn sich jemand mit seinem Namen vorstellt, ob im Beruf oder Alltag, erfährst du einiges über ihn, indem du deine Intuition durch den Klang und die Vibration seiner Stimme aktivierst. Lass deinen Übungspartner seinen Vornamen oder Nachnamen fünfmal laut hintereinander aussprechen. Schließe, wenn du magst, deine Augen, fühle in den Klang hinein, und wenn dieser verklungen ist, sage sofort, ohne dass du eine lange Pause lässt, was du über den Namen an Potenzialen und momentanen Lebenssituationen wahrnimmst. Wichtig ist dabei, keine langen Pausen entstehen zu lassen, sondern direkt intuitiv den Klang aufzunehmen und diesen durch deine intuitiven Worte in Form einer Botschaft für den Menschen weiterzugeben.

Je mehr du dies trainierst, desto mehr steigert das deine Empfänglichkeit für Wahrnehmungen durch Worte in deinem Alltag. Führst du ein Gespräch am Telefon, kannst du durch die Worte des Gesprächsteilnehmers hellhörend die tiefer liegenden Botschaften wahrnehmen. Das kann dich oft vor falschen Käufen, Vertragsabschlüssen, Personaleinstellungen und anderem bewahren.

Abgewandelte Formen dieser Übung:

Statt nur den Namen zu sagen, soll sich dein Übungspartner akustisch ohne Hilfsmittel ausdrücken. Egal ob er etwas singt, auf die Oberschenkel klopft, mit den Fingern schnippt oder pfeift.

Du hast ein Musikinstrument oder verschiedene Musikinstrumente zur Auswahl. Dein Übungspartner kann sich eines davon aussuchen und dann so kurz, wie es ihm möglich ist, darauf spielen.

Übung: Telepathie
Partnerübung
Was du brauchst: nur dich

Diese Übung ist für fortgeschrittenes Training. Du stellst deinem Übungspartner die Farben Rot, Gelb, Grün und Blau zur Auswahl. Am besten ist es, du hast diese Farben als Farbtäfelchen neben dir liegen, damit es nicht die ganze Zeit über zu der Frage kommt:»Welche Farben gab es noch mal?« Dies würde die Energie jedes Mal herunterziehen. Dein Übungspartner entscheidet sich für eine Farbe, ohne dass du weißt, welche es ist. Nun soll er dir diese sofort senden. Am besten, indem er an etwas denkt, was diese Farbe besitzt. Bei der Farbe Gelb wäre das die Sonne, eine Sonnenblume, Licht oder eine Banane. Versuche, dir bei dieser Übung nicht zu lang Zeit zu lassen, sondern direkt intuitiv zu antworten. Intuition ist sofort da. Dein Höheres Selbst kennt die Farbe.

Dein Übungspartner sagt»Ja«, sobald er die Farbe ausgesucht und mit dem Senden begonnen hat. Du antwortest sofort mit der Farbe. Dein Übungspartner gibt dir Feedback, ob richtig oder falsch.

Mache die Übung fünfzehnmal hintereinander, ohne viel dazwischenzureden. Du wirst merken, wie die Energie aufgebaut wird und vor allem, dass die letzten Farben vorwiegend richtig sein werden. Falls nicht, richte dich noch mal aus, und fahre fort. Manchmal ist es gut, kurz *die Hand deines Gegenübers zu nehmen, um dich mit ihm energetisch zu verbinden und ein Team zu bilden. Absolute Ehrlichkeit von deinem Übungspartner ist dabei unerlässlich, denn ihr wollt ja beide wachsen.*

Abgewandelte Form dieser Übung:

Dasselbe funktioniert auch mit Zahlen von 1 bis 10. Dein Übungspartner sucht sich eine Zahl aus und sendet sie dir.

Übung: Karten
Partnerübung, Zirkel-Übung
Was du brauchst: Kartendeck, Tarotkarten, Engelskarten, Weisheitskarten

Ich liebe Kartendecks jeglicher Art und besitze viele davon. Meine Arbeitsweise damit ist sehr intuitiv, das heißt, ich halte mich an keine vorgegebenen Legemuster oder Anweisungen, sondern lasse mich führen, so wie die Karten bei dem jeweiligen Menschen angewendet werden möchten. Irgendwann werde ich mein eigenes Kartenset herausbringen, das ist ein großer Wunsch von mir.
Verwende bevorzugt Karten mit einem Bild, da man von einem Text leicht beeinflusst wird. Wenn nur ein Begriff darauf steht, ist das in Ordnung. Diese Übung ist auf zwei Teile aufgebaut.
Zuerst lasse deinen Übungspartner eine Karte ziehen, die er dir reicht, ohne dass ihr beide sie anseht. Du fühlst nun diese Karte. Was ist die Botschaft? Möchtest du ins Detail

gehen und fühlen, welches Bild auf der Karte ist? Welche Farben, Formen und welches Wort? Sprich intuitiv, lass dich führen. Welche Botschaft gibt es für deinen Übungspartner?

Wenn du das Gefühl hast, alles gesagt zu haben, kommt der zweite Teil. Drehe die Karte um, und gib weitere Botschaften an dein Gegenüber. Fordere deine Intuition heraus, und stelle die Intention, was hat dies und jenes für mein Gegenüber zu bedeuten? Was sind die Potenziale? Vergleiche deine jeweilige Wahrnehmung, als die Karte verdeckt war und als du sie gesehen hast, und lass dir ein Feedback geben.

Mit Karten kannst du viele Übungen machen. Ich habe ein Kartendeck, das von 1 bis 100 nummeriert ist. 1 bis 50 sind die positiven Karten, 51 bis 100 sind die Schattenthemen und damit die negativen Karten. Oft mache ich eine Übung, bei der ich eine Karte ziehe und dann intuitiv sage, ob es sich um eine positive oder negative Karte handelt, welche Nummer es ist und was ich auf dieser Karte wahrnehme.

Im Zirkel ist es eine attraktive Übung, dass du eine Karte ziehst, sie ansiehst und dann inspiriert zwei, drei Minuten über das Wort oder das Bild, das sich auf der Karte befindet, sprichst. Das trainiert sowohl deinen Mut als auch dein Vertrauen, vor anderen Menschen zu sprechen. Mir hat es sehr geholfen, denn obwohl ich gelernte Schauspielerin bin, hatte ich immer großen Respekt davor, frei vor anderen zu sprechen. Als Schauspielerin hat man ja meist eine vorgegebene Rolle und einen Text einstudiert, wenn man vor das Publikum tritt, als Redner oder Seminarleiter hingegen bist du rein auf deine Inspiration *angewiesen. Zu spüren, durch meine tägliche Meditation stets an die Quelle angeknüpft zu sein, und das intuitive Sprechen im Zirkel haben mir ein solches Vertrauen geschenkt, dass es heute kein Problem mehr für mich ist, auf Seminaren oder vor Tausenden von Menschen zu sprechen. Was nicht bedeutet, dass ich vorher nicht aufgeregt bin, aber es ist kein Lampenfieber mehr wie früher. Das Wort Lampen (= Licht) und Fieber sagt ja schon einiges aus. Ich habe Angst, fiebere dahingehend, dass mein Licht nicht leuchtet. Da hilft nur das Vertrauen, dass mein Licht immer da ist.*

Übung: dein wunderbarer Name
Auch als Partnerübung möglich
Was du brauchst: Blatt Papier, Stift

Um noch mal detaillierter auf den Namen einzugehen, gibt es diese großartige Übung. Denn unser Vorname ist unsere Kraftquelle. Das haben viele vergessen und nennen sich ein Leben lang bei ihren Kosenamen, kürzen ihren Namen ab oder lassen Buchstaben aus. Sie verwenden ihren Zweitnamen oder verwandeln ihn in eine andere Sprache, weil er da besser klingt. Ich bin meiner Lehrerin sehr dankbar für diese Lehrstunde, denn sie hat mir die Augen geöffnet. Viele Menschen haben ein großes Problem damit, ihren Vornamen zu verwenden. Meine Wahrnehmung, und da habe ich mich mit einigen Kollegen ausgetauscht, ist, dass wir uns unseren Vornamen als Seele aussuchen, bevor wir hier inkarnieren. Unser Vorname verbindet somit das Seelische mit dem Irdischen und enthält damit die

Kraft für diese Inkarnation. Er verschmilzt unser Geschenk des Himmels mit der Erde. Wenn wir unseren Vornamen nicht komplett verwenden, entziehen wir uns einen Anteil und schneiden uns Energie ab. Fehlender Erfolg, Antriebslosigkeit, nicht in unserer Mitte sein und ein Mangel an Umsetzungskraft können Auswirkungen sein. Viele von uns möchten ihren Namen nicht verwenden, weil er mit Verletzungen aus der Kindheit belastet ist. Denn meistens werden wir mit Kosenamen angesprochen, wenn wir lieb und brav sind. Sind wir jedoch »unartig«, werden wir bei unserem richtigen Namen gerufen und fühlen, dass uns Liebe entzogen wird. (»Rudolf, was hast du da schon wieder getan!«, »Susanne, sei still.«) Deshalb entwickeln wir eine minderwertige Beziehung zu unseren Vornamen.

Auch in der Teenager-Zeit ist es so, dass wir uns meistens anders nennen. Und ist es nicht genau die Zeit, wo wir so gar nicht in unserer Mitte sind?
Dein Vorname macht dich einzigartig, denn er verbindet alle deine seelischen Potenziale, die du mitgebracht hast, mit dieser Inkarnation und lässt dich diese besser umsetzen. Der Nachname oder der zweite Vorname ist dabei nicht wichtig. In Seminaren floss hier schon so manche Träne, weil Menschen sich wieder voll und ganz annehmen konnten.

Durch diese Übung wirst du oder dein Übungspartner nicht nur deinen/seinen Namen wieder lieben lernen, sondern vor allem die Großartigkeit von Potenzialen sehen, die sich darin verbirgt. Schreibe dazu den Vornamen deines Übungspartners auf ein Blatt Papier, sodass jeder einzelne Buchstabe untereinandersteht. Dann setze den Fokus auf die Potenziale des Gegenübers, und schreibe Worte daneben, die dir intuitiv einfallen. Bitte zensiere dich nicht vorab, weil du nicht weißt, was sie bedeuten. Als Beispiel verwende ich meinen Namen und die Worte, die ich vor einigen Jahren in meinem Übungszirkel bekommen habe:

J a
A nders
C lown
Q uelle
U rsache
E ngel
L iebe
I sis
N atur
E rste

Wenn du das getan hast, gehe Wort für Wort durch, und fühle, was es als Potenzial für dein Gegenüber zu bedeuten hat. Frage deine Intuition:»Was bedeutet XY?«, und teile deine Botschaft mit deinem Gegenüber.

Übung: Handsfeeling
Partnerübung
Was du brauchst: nur dich

Eine der ersten Übungen, um Kontakt mit deinem Gegenüber aufzunehmen, besteht darin, dass du die Hand

deines Übungspartners nimmst und in die Energie hinein-
fühlst. Halte die Hand ein bis drei Minuten, so lange, bis
du dich auf den anderen eingeschwungen hast. Dann lass
die Hände wieder los, damit keiner durch das Schwitzen
der Hände abgelenkt wird, und übermittle deinem Ge-
genüber Botschaften.

Zirkel-Übungen

Ab mindestens vier Teilnehmern

Übung: Blind Handsfeeling
Was du brauchst: nur dich

Diese Übung funktioniert so wie die vorherige Handsfee-
ling-Übung mit der Einschränkung, dass du nicht siehst,
wer vor dir sitzt.
Lege fest, wer im Zirkel das Medium sein soll, und lasse es
auf einem Stuhl Platz nehmen. Ein weiterer Stuhl wird vor
das Medium gestellt, dem die Augen verbunden werden.
Nun setzt sich einer der Zirkel-Teilnehmer leise auf den
Stuhl und ergreift die Hände des Mediums. Das Medium
gibt nur intuitive Botschaften und sagt am Ende, bevor
es die Augenbinde herunternimmt, wer es glaubt, dass
es ist.

Übung: Knetmasse

Was du brauchst: bunte Knetmasse

Diese Übung macht viel Freude, und meine Seminarteilnehmer lieben sie, vielleicht auch, weil ich sie so gernhabe. In der Mitte des Zirkels liegt bunte Knetmasse. Ihr bestimmt ein Medium, das vor die Tür geht, damit es nicht mitbekommt, was im Raum geschieht. Einer der Zirkel-Teilnehmer knetet intuitiv etwas mit Teilen der Knetmasse. Ich weiß, dass man da gerne länger dranbleiben möchte, weil es Spaß macht, aber das Kunstwerk sollte in einer Minute fertig sein. Dann legt ihr es auf den Stuhl des Mediums und ruft es wieder zu euch.

Es wird nicht verraten, wer geknetet hat, da das Medium psychometrisch wahrnehmen soll, was die Potenziale der Person sind, die geknetet hat, was vielleicht gerade anliegt und worin ihr kreatives Talent besteht. Durch eine Übung wie diese kann man die spezielle Kreativität besonders gut herausfinden. Wenn das Medium alles wahrgenommen hat, sagt es am Ende, von wem das Gebilde hergestellt wurde. Traut euch, ihr habt nichts zu verlieren. Derjenige, dem das Kunstwerk gehört, gibt dann ein Feedback zu dem Gesagten. Anschließend geht der Nächste vor die Tür. Damit es spannender bleibt und man nicht ausrechnen kann, wer noch nicht dran war und nun der Knetende sein könnte, kann auch mehrmals derselbe kneten.

Abgewandelte Form dieser Übung: Sandschüssel

Dieselbe Übung kannst du auch mit einer breiteren Schüssel gefüllt mit Vogelsand machen oder mit einem fertigen

Zen-Garten, die es zu kaufen gibt. *Statt zu kneten, zeichnet einer von euch mit dem Finger Formen in den Sand,
und das Medium liest daraus.*

Übung: Sitzabdruck
Was du brauchst: nichts

*Diese Übung ist für einen fortgeschrittenen Zirkel ge-
dacht, wenn ihr euch schon besser kennt und auf die
Energien der anderen eingestellt seid. Ihr ernennt ein Medium, das vor die Tür geht, damit es nicht mitbekommt,
was im Raum geschieht. Einer der Zirkel-Teilnehmer setzt
sich auf den Platz, auf dem zuvor das Medium saß, und
schickt seine Energie darauf. Danach setzt er sich wieder
auf seinen Platz zurück. Das Medium kommt herein, setzt
sich und fühlt nun in diese Energie hinein. Es nimmt jetzt
über diesen Menschen wahr und sagt, was derjenige fühlt
und wer es sein könnte.*

Übung: Persönlicher Gegenstand unter Tuch
Was du brauchst: persönlicher Gegenstand

*Es wird ein großes Tuch in der Zirkel-Mitte ausgebreitet,
und jeder der Teilnehmer legt, ohne dass die anderen es
mitbekommen, einen persönlichen Gegenstand unter
das Tuch. Sobald alle dies getan haben, wird das Tuch
hochgehoben. Ein Teilnehmer fängt an und nimmt einen
Gegenstand, um daraus psychometrische Botschaften
über den Gegenstand und den Besitzer zu lesen. Woher*

der Gegenstand stammt, ob er geschenkt oder gekauft wurde und welche Bedeutung er hat. Auch über den Besitzer soll er intuitiv Botschaften sagen. Dann am Ende fühlt er, wer der Besitzer davon ist. Derjenige gibt aber noch kein Feedback und keine Antwort. Pokerface bitte. Derjenige, dem der Gegenstand gehört, merkt sich die Dinge, die über ihn gesagt wurden, damit er am Übungsende ein Feedback geben kann. Der Gegenstand wird beiseitegelegt. Dann nimmt der Nächste einen anderen Gegenstand, und so geht es reihum. Natürlich sollte man nicht seinen eigenen nehmen, außer du wolltest dir selbst einmal die schönsten Potenziale und Talente sagen, die du besitzt. Am Ende wird reihum Feedback gegeben.

Übung: Blumen pflücken
Was du brauchst: Blumen

Du bittest deinen Übungspartner oder, im Zirkel, alle anderen Teilnehmer, vorab eine Blume oder Pflanze zu pflücken oder zu kaufen und diese mitzubringen. Du nimmst die Blume deines Übungspartners und liest intuitiv Botschaften für den Besitzer daraus. Dabei kannst du die Blume berühren, ansehen, daran riechen und dich inspirieren lassen. Im Zirkel geht die Blume dann reihum, und jeder sagt etwas dazu.
Eine abgewandelte fortgeschrittene Übung ist so ähnlich wie die vorangegangene mit dem persönlichen Gegenstand. Es wird wieder ein großes Tuch in die Zirkel-Mitte gelegt, und jeder der Teilnehmer platziert, ohne dass die anderen es mitbekommen, seine Blume unter dem Tuch.

Wenn alle dies getan haben, wird das Tuch hochgehoben, und einer beginnt, indem er eine der Blumen nimmt, daraus liest und am Ende sagt, wer ihr Besitzer ist. Derjenige gibt aber noch kein Feedback und noch keine Antwort. Erneut ist Pokerface angesagt. Derjenige, dem die Blume gehört, merkt sich wieder die Dinge, die über ihn gesagt wurden. Dann nimmt der Nächste eine andere Blume, und so geht es reihum. Am Ende wird Feedback gegeben. Eine weitere Abwandlung dieser Übung ist, dass du als Übender oder Zirkel-Leiter mehrere Blumen mitbringst und deinen Übungspartner Blumen aussuchen lässt.

Vertiefende Zusatzfragen:

In den Übungen habe ich oft erwähnt, dass du deinem Übungspartner Botschaften geben und ihm sagen sollst, was seine Potenziale sind. Du kannst den Fokus aber zusätzlich auch auf folgende Fragen richten:

- Was steht in nächster Zeit, in der kommenden Woche, im kommenden Monat für deinen Übungspartner an?
- Worauf soll er oder sie den Fokus legen?
- Was ist die Seelenberufung deines Übungspartners?
- Was ist ein Schattenthema des Gegenübers, und was ist das große Potenzial, das freigesetzt wird, wenn es aufgelöst wurde?
- Was war das große Potenzial in seiner Kindheit?
- Was ist das Potenzial in den Lebensbereichen

Partnerschaft, Familie, Beruf, Finanzen, Gesundheit, das dein Gegenüber mitgebracht hat?

- Wie sieht es momentan in den Lebensbereichen Partnerschaft, Familie, Beruf, Finanzen und Gesundheit aus?
- Und wenn du ein belastendes Thema entdeckst, welches Potenzial liegt da drunter?
- Was war ein einschneidendes Erlebnis deines Gegenübers in der Vergangenheit, mit ca. fünf Jahren, 15, 25, 35 Jahren etc.?
- Was ist momentan die Lieblingsspeise, der Lieblingssport und die Lieblingsbeschäftigung deines Gegenübers?

Du siehst, dass es hier viele verschiedene Möglichkeiten bei den jeweiligen Übungen gibt. So können du und alle Übungspartner immer mehr voneinander erfahren und daran wachsen.

Mein Geschenk an dich – Abschlussworte

Zum Schluss möchte ich mich für dein Vertrauen und deine Zeit bedanken, die du meiner Vision, durch das Lesen dieses Buches, geschenkt hast. Meine Vision und Berufung ist es, dich darin zu unterstützen, deine wahre Größe wieder zu erkennen und deiner Mission hier auf Erden zu folgen. Ich möchte, dass du erneut Zugang zu deiner inneren intuitiven Stimme bekommst. Damit du deine Wahrhaftigkeit, deine Authentizität, deine ureigensten Fähigkeiten findest und dein Strahlen und deine Lebensfreude nach außen bringst. Jeder, also auch du, hat etwas Einzigartiges hier auf Erden mitgebracht, und jetzt, genau jetzt, gilt es, dieses Geschenk, dich, der Welt zur Verfügung zu stellen.

Ich möchte dich motivieren, immer weiter deine Intuition zu trainieren. Baue stets aufs Neue leichte Übungen in deinen Alltag ein, und gründe deinen eigenen kleinen Übungszirkel. Oft macht es erheblich mehr Spaß, andere in einer Gruppe zu treffen, sich mit ihnen auszutauschen und gemeinsam zu üben. Ich lade dich herzlich zu einem meiner vielen Intuitionsseminare ein, in denen du live mit mir arbeiten und das große Potenzial von Menschen erfahren kannst. Von Individuen, die alle gemeinsam daran interessiert sind, sich durch ihre intuitiven Fähigkeiten der Welt zur Verfügung zu stellen. Informiere dich dazu am besten auf meiner Webseite.

Mein Geschenk an dich ist Folgendes:

Wisse einfach, dass ich mental und spirituell dein Fels in der Brandung bin, der unzerstörbar, unerschütterlich an dich glaubt und elementar da ist. Egal, wie sehr du zweifelst und im Mangelbewusstsein bist – »Ich schaff das nicht«, »Ich bin nicht gut genug« oder »Meine Intuition funktioniert nicht« –, ich sehe da hindurch. Und falls es dir heute noch niemand gesagt haben sollte: Du bist wunderbar.

Sei umarmt von mir,
Deine
Jacqueline Le Saunier

Urvertrauen

Das Gebet

Das Leben ist unendliche Fülle.
Ich fühle mich getragen und geborgen.
Alles, was ich benötige,
taucht zum richtigen Zeitpunkt von selbst auf.

Ich begrüße freudig den neuen Tag und vertraue mich
seinem Fluss und Rhythmus an.
Ich genieße den Augenblick und spüre seine Lebendigkeit.

Mein Denken und Handeln sind frei von Erwartungen.
Alles ist Bewegung, alles ist Fluss.
Ich vertraue dem Jetzt und übergebe mich dem Rhythmus
des Lebens.
Alles wird gut. Alles ist gut angelegt in meiner Welt.

Ich nehme meine göttliche Natur an.
Ich verbinde mich mit meinem inneren Licht
und meinen kosmischen Eltern.
Ich bin geborgen im göttlichen Schoß.
Die göttliche Liebe und Wahrheit trägt mich.
Durch mich fließt die von Gott gegebene Kraft.
Ich schaue in mein innerstes Licht
und trage es in die Welt hinaus.

*Mein Herz ist eine Brücke
der Liebe zu allen Menschen.*

Danke.

Meditationen

Meditation zur Stärkung deiner Intuition und zur Umsetzung deiner intuitiven Botschaften

Für diese Meditation ist wichtig zu wissen, dass das Ajna-Chakra, das dritte Auge, kein winziger Punkt ist, sondern ein Energiezentrum, das sich über den physischen Körper hinaus ausdehnt.

Suche dir einen ruhigen Ort. Schließe deine Augen. Konzentriere dich auf deinen Atem. Visualisiere die Farbe Indigo (ein tiefes Blau / Violett), die an der Zirbeldrüse beginnt und sich dann über deinen ganzen Kopf ausdehnt.

Stelle dir vor, dass der gesamte Kopf ein Indigo-Licht ausstrahlt, und mit jedem Atemzug visualisierst du, wie das Licht größer wird und sich immer mehr in deinen ganzen Körper ausbreitet, in alle Zellen, bis es schließlich deinen ganzen Körper erfüllt.

Atme weiter tief ein, und dehne bei jedem Ausatmen das Indigo-Licht aus deinem physischen Körper hinaus. Lass es wachsen, bis es den ganzen Raum erfüllt. Dann weiter, bis es dein ganzes Haus, deine gesamte Nachbarschaft, deine Stadt, dein Land, deinen Kontinent und schließlich die gesamte Erdkugel erfüllt, um dann weiter ins Universum zu streben bis zu den äußersten Grenzen deiner Vorstellungskraft.

Fühle nun, wie deine ganze Kraft, deine Liebe, deine Geschenke sich ins Universum ausdehnen. Spüre, was für ein großes Geschenk du für diese Welt bist, und verweile einen Augenblick.

Komme dann wieder langsam zurück, lenke den Fokus noch einmal für einen Augenblick auf deine Zirbeldrüse und dein drittes Auge. Werde dir wieder mehr deines Körpers bewusst. Nimm das Gefühl deiner Größe mit, wenn du langsam deine Augen öffnest und wieder ganz in deinem Raum ankommst, in dem du dich befindest. Atme einmal tief ein und aus.

Meditation – das Ziehen deiner Intuition

In dieser Meditation wirst du deine Intuition direkt zu dir ziehen. Du wirst all deine intuitiven Kräfte aktivieren und sofort zu hundert Prozent einsetzbar machen.

Suche dir einen Ort, an dem du ungestört bist. Du kannst in dieser Meditation sitzen oder stehen, aber bitte nicht liegen. Schließe deine Augen und atme mehrere Male tief ein und aus. Stelle dir vor, dass du alle Barrieren, die dich hindern, mit deiner Intuition zu arbeiten, fallen lässt. Du musst nicht viel tun, außer dass du dir kurz vorstellst, dass alle Barrieren jetzt in den Boden abfallen. Wie auch immer du es dir vorstellst, so ist es richtig.

Wenn du ein Gefühl von Leichtigkeit verspürst, dann ist es

gut. Stelle dir vor, dass ein intensives Licht in deinem Herzen pulsiert. Und mit jedem Atemzug wird dieses Licht stärker und dehnt sich aus. Stelle dir vor, dass es sich in deinen ganzen Körper ausdehnt. Dass es sich aus deinem Körper hinaus ausdehnt, immer weiter, bis der ganze Raum, in dem du dich befindest, erfüllt davon ist. Nun dehnt es sich noch weiter aus, über die ganze Stadt, das Land, die Welt und das ganze Universum. Fühle dich vollkommen ausgedehnt, und nimm dir diesen Raum.

Stelle dir vor, du würdest eine größere Lichtkugel vor deinem Körper in Händen halten. Bringe die Hände physisch in diese Position vor deinem Herzen, und stelle dir vor, dass du alle Energie in deine Lichtkugel ziehst, die du für eine optimal arbeitende Intuition brauchst. Ziehe alle deine Kraft, alle funktionierenden Fähigkeiten deiner Hellsinne, dein Mindset, dein Urvertrauen, deine Fülle und deine ganze Liebe an, einschließlich dem, was für deine großartigsten intuitiven Fähigkeiten noch notwendig ist. Ziehe all dies in deine Lichtkugel.

Du musst dir die einzelnen Punkte nicht konkret vorstellen. Es reicht, wenn du ganz abstrakt nur das, was gebraucht wird, damit deine Intuition zu hundert Prozent optimal arbeitet, in deine Kugel ziehst. Wenn du das Gefühl hast, es ist alles darin, dann stülpe die ganze Energie aus dieser Kugel in dich hinein, indem du deine Hände zu deinem Herzen bringst und sie von dort in dein gesamtes Energiesystem und in deinen Körper hineinstreichst.

Stelle dir vor, dass du mit dieser Energie völlig durchtränkt wirst. Nimm für einen kurzen Moment den vollständigen Zustand wahr, komplett eins mit deiner Intuition zu sein. Nimm einen tiefen Atemzug, und lasse ein kleines Lächeln auf deinen Lippen zu. Bringe deinen Fokus wieder zurück zu deinem Herzen. Bedanke dich bei deiner Intuition, und öffne wieder deine Augen.

Führe diese Meditation, das »Ziehen deiner Intuition«, am besten 21 Tage hintereinander durch, zusammen mit alltäglichen intuitiven Übungen. Es gleicht einem Wunder, wie stark deine intuitiven Fähigkeiten dadurch zunehmen werden.